영화로 읽는 페미니즘 역사

영화로 읽는 페미니즘 역사

1판 1쇄 펴낸날 2021년 9월 10일

지은이 조현준

책만듦이 김미정 책꾸밈이 이민현

펴낸곳 채륜 펴낸이 서채윤
신고 2007년 6월 25일(제2009-11호)
주소 서울시 광진구 자양로 214, 2층(구의동)
대표전화 1811.1488 팩스 02.6442.9442
E-mail book@chaeryun.com Homepage www.chaeryun.com

책값은 뒤표지에 있습니다.
ISBN 979-11-90131-09-4 03330

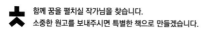

함께 꿈을 펼치실 작가님을 찾습니다.
소중한 원고를 보내주시면 특별한 책으로 만들겠습니다.

채륜(인문·사회), 채륜서(문학), 띠움(과학·예술)은 함께 자라는 나무입니다.
물과 햇빛이 되어주시면 편하게 쉴 수 있는 그늘을 만들어 드리겠습니다.

조현준

영화로
읽는
페미니즘
역사_

채륜

책을 펴내며

2015년 이후 한국의 페미니즘이 재부상했다. 지금의 페미니즘은 가정과 직장 내에서 언어와 행동, 그리고 개인의 욕망과 사회적 자아의 실현 가능성에 존재하는 현실의 불평등에 주목했다. 여전히 지속되는 여성에 대한 폭력과 성폭력에 대해 문제를 제기했으며, 인터넷을 통해 나타난 여성 혐오적인 표현의 확산에 제동을 걸었다. 새로운 페미니즘은 일시적 소강기를 딛고 재도약하기 위해 '여성'이라는 단결된 정치 주체를 재소환했다. 여성의 역량 강화에 집중한 것이다. 이런 페미니즘은 21세기에 새롭게 부각된 성 인지 감수성, 젠더 감수성의 필요성을 대중적으로 요청하고 있다.

한반도에 처음으로 신여성이 도입된 것은 1920년대지만, 한국 페미니즘의 첫 번째 큰 물결은 지식인을 중심으로 1970년대에 시작되었고 그것은 '평등'을 향한 큰 흐름을 타고 왔다. 당시 민주화 운동, 노동자 운동, 여성 운동은 인간이라면 누구나 응당 누려야 할 '보편 인권' 사상을 기반으로 해서 권력 불균형, 계급 차별, 그리고 성차별에 저항했다. 그 노력의 결과로 1999년 군가산점 제도가 위헌 판정을 받았고, 2008년에 호주제가 폐지되었다. 선각자와 지식인, 그리고 국가 행정의 노력으로 위로부터 시작된 성평등의 노력은 법과 제도 면에서 어느 정도 결실을 거둔 것처럼 보였다.

한편 평등한 주체, 계몽주의적 보편 인권을 지향하던 페미니즘은 자유주의와 신자유주의의 흐름을 거쳤다. 그 과정에서 여성 소집단이나 여성 개개인의 선택과 능력에 초점을 두는 방식으로 변모되면서, 여성 전체라는 하나의 집단으로서의 힘을 차츰 잃어간 면이 있었다. 성평등이 달성되었다는 인식이 확대되면서, 21세기 들어서는 각 대학의 여성학 관련 교과목, 여성학과, 여성학 협동 과정도 점차 없어졌다. 그러나 생활 속의 성차별 문제는 계속 제기되었다. 학교에서는 평등을 가르치고 배웠지만, 사회의 현실은 달랐다. 시작부터 불평등했고 경쟁에 승리한 소수만 살아남았다. 여성의 경우 직장내 유리 천장, 결혼 후 가사 분담, 출산과 육아 노동, 친가와 시가의 차등 대우, 경력 단절, 지속되는 성폭력 문제 등이 여전히 개선되지 않고 생활 속에 지속됐다.

생활 속의 불평등에 대항해 여성들은 결혼과 출산 대신 직업과 경제적 독립을 추구했다. 그러나 비혼주의 여성은 출산의 사회적 의무를 다하지 않는 이기주의자로 여겨졌고, 소비 능력을 갖춘 고소득 전문직 여성은 '된장녀'로 폄훼되었다. 미투 운동은 직장에서의 여성 배제 문화로, 군가산점 폐지는 여성 징병제 논의로 연결되었고, 여성을 소수자로 우대하는 몇몇 보호 정책은 남성에게 역차별로 체감되기도 했다. 남녀 모두가 초중고대 할 것 없이 시험과 평가와 스펙 쌓기로 삶이 고단했다. 모든 것을 개인의 능력 탓으로 돌리는 신자유주의적 자본주의의 경쟁 문화는 개인에게 피로감을 주었고 그로 인해 사회 속 갈등은 더 확산되었다.

2010년대 중반에 부상한 페미니즘은 새로운 물결, 즉 두 번째 물결을 타고 일반 시민과 대중으로부터 일어났다. 이들은 인터넷 네트워크를 통해 여성 차별과 여성 폭력의 문제를 논의했고, 아래로부터 수평적, 대중적으로 가시화되었다. 이 새로운 물결은 페미니즘을 다시 이슈화하고 재도약하게 만드는 뛰어난 성과를 거두었지만, 그 성과만큼 반발도 만만치 않았다. 때로 페미니즘은 남성을 지배하려는 여성 우월주의거나, 남성을 잠재적 가해자로 보는 범죄적 시선이라는 오해도 낳았다. 페미니즘이라는 단어 자체에 피로나 공포를 느끼는 사람도 생겼다.

새로운 물결은 앞선 물결과는 달리 아래로부터 와서 대중 전체에 퍼졌다. 새로 부상한 대중적 페미니즘의 가장 큰 성과는 여성 차별에 대한 '자각'과 그에 따른 '인식의 개선'이다. 서로 네트워크를 통해 소통하면서, 그동안 페미니즘이 이미 완성되었다는 믿음 속에 소홀해졌던 성 인지 감수성을 부활시켰다. 동일 노동, 동일 임금이 구현되지 않는 현실의 성차별에 저항할 방법을 모색하고, 대중문화 속에 잘못 재현되어 확대 중인 젠더 전형에 반대했다. 또한 여성 혐오적인 언어나 시선에 대해 혐오라고 정의하고 이에 대해 반발할 수 있게 만들었다. 어떻게 그것을 표현할지 몰라서 답답하던 사람에게 '언어'를 부여하고, 그간 내지 못했던 저항의 목소리를 다시 내게 했다. 사회 속에 만연했던 성차별적 문제들을 문제로 자각할 능력이 생기고, 그런 인식을 개선할 방법을 모색한 것이다.

반면, 반발도 있었다. 메갈리아의 '미러링' 전략은 그간 일상어 속에 자리 잡은 여성에 대한 대중적 언어폭력이 얼마나 심한 것이었는지 체감하게 했다. 그러나 언어폭력에 대해 같은 언어폭력으로 대응하는 방식은 기존의 혐오를 혐오로 되받아쳐 혐오를 두 배로 만들기도 했다. 그에 따라 성간 갈등, 젠더 갈등은 증폭되었다. 또한 페미니즘 진영 내부의 갈등도 낳았다. 페미니즘을 통해 생물학적 여성의 권리를 요구하는 급진주의 페미니즘은 성 소수자의 문제를 논제에서 분리했다. 성 소수자를 남성으로 분류해 페미니즘 주체에서 배제하는 방식은 기존 페미니즘과 의견이 달랐다. 새로운 물결의 페미니즘은 기존 페미니즘을 무능한 이론 중심주의로 봤고, 기존 페미니즘은 새로운 페미니즘을 위험한 운동 중심주의로 봤다.

지금은 인터넷의 시대다. 대중이 만드는 인터넷 안에 모든 정보와 지식이 있다. 그러나 인터넷은 다양성으로 가득한 정보의 바다라서 지식의 양이 많지만, 그 지식이 다 진실은 아닐 수 있다. 양 극단적 관점들이 동시에 존재하고, 하나의 개념을 놓고도 자의적으로 달리 해석하기도 한다. 학교에서는 여성학이나 페미니즘을 정규교과로 가르치지 않고, 인터넷에서는 개인이 관점에 맞게 개념을 변용해 쓰므로 페미니즘이나 여성주의가 뭔지 네티즌에게는 분명하지 않다. 인터넷에서 습득한 정보를 지식의 기반으로 활용하는 세대에게는 특히, 올바른 지침 없이 개별적으로 이해된 각종 개념이 청소년기의 가치관을 형성하고 판단의 기준이 되면서 때로 정치적으로 올바르지 못한 결정의 원인이 되기도 한다.

이런 한국 페미니즘의 물결은 영미를 중심으로 한 서구 페미니즘의 흐름과 비교해 봐도 좋을 것이다. 서구 페미니즘은 크게 19세기 말에서 1920년대까지 페미니즘의 제1의 물결, 1960년대부터 1980년대까지 페미니즘의 제2의 물결, 1990년대부터 현재까지 페미니즘의 제3의 물결로 분류된다. 서구 페미니즘이 한 세기가 훌쩍 넘는 역사라면, 한국은 반세기가 좀 넘는 역사라고 할 수 있다. 한국은 해방과 함께 여성의 참정권을 얻었기 때문에, 참정권 투쟁을 하던 서구 페미니즘의 제1의 물결 단계를 거치지 않았다고 할 수도 있다. 이런 한국 페미니즘이 어떻게 서구의 제2의 물결과 제3의 물결을 수용하고 변용하는지를 비교해 볼 수도 있겠다.

이 책에서 한국의 페미니즘은 제1의 물결을 1970년대부터 2000년대로 보았고, 제2의 물결을 2010년대 중반부터 현재까지로 보고 있다. 첫 번째 물결이 선각자와 지식인을 중심으로 위에서부터 시작되었다면, 두 번째 물결은 인터넷 대중을 중심으로 아래로부터 확산했다. 첫 물결이 수직적 운동의 선을 갖는다면, 두 번째 물결은 수평적 운동의 선을 갖는다고도 할 수 있다. 이 책에서는 페미니즘 역사 속의 각 시대별 흐름을 '물결'로 적었다. 페미니즘을 과거로부터 현재로 이어지는 커다란 조류로 이해했기 때문이다. 그러므로 '물결' 대신 '세대'로 바꾸어 불러도 큰 문제는 없다. 또한 영미와 한국의 물결을 나누어 설명하면서 각 물결의 특성을 대표할 만한 영미 영화 네 편, 국내 영화 네 편을 분석하는 구성을 취했다.

지금 우리에게 중요한 것은 '차이의 차별 없는 공존', 그리고 '다양한 차이를 인정하는 평등의 연대'이다. 여성 혐오 중단을 위한 새로운 물결의 페미니즘 운동은 효과를 얻었고, 그만큼 대중적 반감과 젠더 갈등도 동시에 가져왔다. 모든 운동에는 작용과 반작용이 있고, 이런 작용과 반작용은 반드시 거쳐야 할 필요한 과정일 수 있다. 이분법이 소환한 정치 주체는, 분명 운동의 동력을 높이고 가시적 성과를 가져왔다. 여성 차별을 인식하고 개선하려는 노력은 지금의 대중 페미니즘 가져온 가장 뛰어난 성과일 것이다. 그러나 그런 노력의 일환인 미러링은 기존의 언어폭력을 밝히는 효과를 거둔 동시에 그 자체가 언어폭력이 되기도 했다. 여성 혐오가 남성 혐오로 전환되면 혐오는 사라지는 게 아니라 두 배가 된다. 이분법은 이원적 차이를, 차이는 위계를, 위계는 폭력을 낳을 수밖에 없다. 프로크루스테스의 침대와도 같다.

평등한 인류의 보편 인권을 주장한 페미니즘은 근본적으로 인본주의를 지향한다. 따라서 본원적 의미의 페미니즘이 부정적 이미지를 가질 이유는 전혀 없다. 지금의 젠더 갈등을 해결할 해법은 '둘'의 차이보다는 '하나'의 공통성에 있어 보인다. 남녀의 이분법이 아닌 인간이라는 보편성 말이다. 남성과 여성의 권리와 의무를 분리하고 남녀가 다른 권리와 다른 의무를 지는 '이원적 평등'보다는, 모두가 그저 같은 인간이라는 전제에서 기본적이고 원론적인 '보편적 평등'을 사유할 필요가 있다. 차이는 남녀 간에만 있지는 않다. 지구상의 76억의 인구가 남녀로만 나뉠 수도 없다. 인간의 기본권인 평등과 자유를 기본으로 내부의 다양성도 논의할 수 있다. 인간의 보편적 평등을 지향하는 페미니즘의 기초에 충실해서, 보편 인권 위에서 각자의 다양한 차이를 인정하는 평등의 추구가 필요하다. 그것은 휴머니즘이기도 하다.

이 책을 쓰는 데 여러 사람의 도움이 있었다. 당시에 기획 단계부터 애써 주신 박강민 대리님, 전체적 수정에 도움을 주신 여미숙 주간님, 그리고 새로운 인연을 맺게 되어 편집과 출판을 진행해 주신 채륜에 감사드린다. 코로나 19의 여파는 출판업계에도 예외 없이 불어 닥쳤고, 채륜이 아니었다면 이 원고는 오랫동안 클라우드

속에 디지털 파일의 형식으로만 존재했을 것이다. 또한 경희대학교
에서 '스토리와 젠더' 교과를 수강했던 학생들에게 감사한다. 팬데
믹 이전에는 대면으로 만났고 이후에는 비대면으로 만났지만, 연구
자의 제한적인 시각을 확장해 준 중요한 자원이자 소중한 지원임에
는 변함이 없었다. 이들은 차이의 차별 없는 공존을 꿈꿀 미래의 가
능성이자, 다양한 차이를 인정하는 평등의 연대를 실현할 살아있는
잠재력이다.

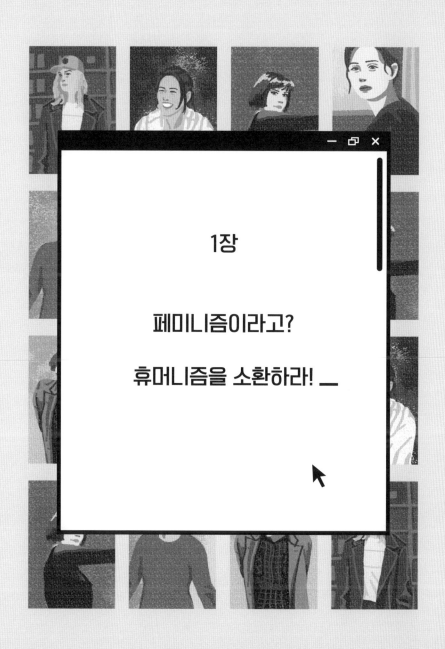

1장

페미니즘이라고?

휴머니즘을 소환하라! ＿

페미니즘이 다시 이슈다. 코로나 19는 바야흐로 제4차 산업혁명 시대를 앞당겼다. 첨단 기술 산업이 전방위에 배치된 유비쿼터스 컴퓨팅과 사물인터넷의 정보화 사회에 인간의 기본권과 성 평등은 이미 확립되었고 벌써 완결된 과제라고 생각했다. 그런데 21세기에 페미니즘을 재소환하는 사건들이 발생했고, 지지와 반감이 동시에 일어났다. 많은 격론과 공방 끝에 페미니즘이 다시 한번 대중화의 리부트를 겪었고 동시에 백래시도 맞았다. 지금 페미니즘은 뜨거운 지지와 차가운 경멸, 열광과 혐오가 동시에 쏟아지는 양날의 검이 되었다.

2019년 극장가에서는 〈82년생 김지영〉과 〈캡틴 마블〉이 흥행하며 국내 및 해외의 성 평등 지수를 보여 주었다. 21세기 대한민국 서울의 평범한 대졸 30대 여성에게 현실의 결혼 생활은 여전히 불평등하며, 수십억의 세계 관객이 있는 영화사 마블의 무수한 영웅 중에 쓸만한 여성 영웅은 거의 없다는 자각이기도 했다. 2020년에는 텔레그램 N번 방 사건이 터지면서 한국 청년의 성 인지 감수성과 성문화에 심각한 문제가 있다는 각성이 일었다. 그리고 2021년 4월 재보궐선거에서는 현 정부의 양성평등 정책에 대한 20대 남성의 집단분노가 표출되었다.

미국의 미투 운동이 촉발한 세계적 페미니즘 리부트는 2017년 10월 미국에서 하비 와인스타인의 성 추문 폭로로 시작되었다. 방송계의 힘 있는 PD 와인스타인은 일을 핑계로 여배우나 모델을 자신의 호텔방으로 불러들인 뒤 하나씩 성추행하거나 성폭행했다. 계약상 불이익을 주겠다는 업무적 협박과 대중적 이미지와 인기에 성

패가 좌우되는 연예인들의 예속 상황 때문에, 피해 사실은 20년 가까이 침묵 속에 묻혀 왔다. 하지만 한 피해자 여성이 용기를 내어 자신의 피해 사실을 공표했다. 숨기는 한 피해는 계속될 것이기 때문이다. 한 사람이 피해 사실을 알리자 같은 경험을 호소하는 사람이 늘어 갔다. '나도 당했다'는 의미의 '미투me too 운동'은 성폭력 경험을 공유하고 피해 당사자들과 연대하여 저항하는 세계적 흐름으로 확대되었다.

한국에서는 2018년 1월 서지현 검사가 검찰 조직 내부의 성추행을 폭로하면서 미투 운동이 시작되었다. 그런데 한국의 경우 미투 운동은 그 폭발력만큼 반발도 컸다. 여성을 아예 배제하려는 직장문화가 커졌고, 청년층의 페미니즘 혐오도 강했다. CNN, BBC 등 세계 주요 외신이 한국 청년의 반페미니즘 경향을 보도할 정도였다. 이런 양극적 양상 때문에, 지금은 성 인지 감수성과 젠더 감수성을 갖춘 사람이라도 자신이 페미니스트라고 선언하기가 간단하지 않은 시대가 되었다. 그 꼬리표로 인해 한편에 야기될 논쟁과 비난의 복잡한 지형이 두려워서다. 학문의 자유가 보장되는 대학가나 강의실에서도 페미니스트를 자처하는 것은 조심스럽거나 모험이 된다.

페미니스트 하면 으레 꼴페미를 떠올리고, 매사에 불평불만인 신경질적인 루저의 비호감 이미지, 혹은 남성을 무조건 공격하는 전사의 인상이 꼬리표처럼 따라붙었다. 하지만 그런 꼬리표에도 불구하고 우리는 사실상 페미니스트나 페미니즘이 무엇인지 잘 모른다. 학교에서는 제대로 가르친 적이 없고, 인터넷에서는 이 용어를 다 각자의 용법으로 쓴다. 온라인 논쟁에서 페미니스트 하면 갈등과 혐오 같은 부정적인 이미지부터 연상되다 보니 언뜻 남자를 혐오하거나 잠재적 가해자로 인식하는, 편파적이고 까칠한 피학성 프로불편러부터 떠올리게 된다.

▶ 〈해리 포터〉의 헤르미온느, 엠마 왓슨의 페미니즘은?

그렇다면 페미니즘이 무엇인지 그 정의부터 다시 시작해 볼 필요가 있다. 영화 〈해리 포터〉 시리즈에서 헤르미온느 역할을 맡아 세계적으로 유명해진 영국의 배우 엠마 왓슨Emma Watson은 2014년 유엔 연설에서 페미니즘은 '남성 혐오가 아니다'라고 선언했다. 왓슨은 자신의 배우 경험을 바탕으로 삶 속의 성 고정관념을 이야기하면서 남녀 모두의 참여를 강조하는 히포시 캠페인HeForShe Movement(성 평등을 위해 전 세계 남성들이 지지자로 나서줄 것을 촉구하는 취지에서 시작된 유엔 여성의 글로벌 캠페인)을 제안했다.

우리에게는 개인주의와 경쟁 사상 때문에 인본주의나 공익을 이차적인 것으로 미루는 경향이 있다. 당장 눈앞의 내 성과가 대의명분보다 중요하다. 그러나 그렇게 뒤로 밀리는 보편적 '평등' 사상은 과연 누가 이룰지 또 언제 실현될 것인지 알 수 없다. 그래서 왓슨은 지금 나의 참여를 촉구한다. 왓슨은 되묻는다. "내가 아니라면 누가 하겠어? 지금이 아니라면 언제 하겠어?If not me, who? If not now, when?"

유엔 연설 당시 엠마 왓슨은 6개월째 유엔 여성 친선대사로 일하고 있었는데, 페미니즘에 대해 발언할수록 여성의 권리를 위한 투쟁이 남성에 대한 혐오와 동의어로 받아들여진다는 걸 깨달았다. 페미니즘은 결코 남성 혐오가 아닌데도 말이다. 왓슨은 이런 사고방식을 당장 중지해야 한다는 생각에 유엔 연설을 결심했다. 남녀의 고정된 성 역할 관념이 남녀 모두에게 피해를 주는데도, '페미니즘'이라는 용어 자체가 '남성 혐오'와 등치되는 불편한 현실을 인식했기 때문이다.

왓슨에 따르면 페미니즘이란 "남녀가 동등한 권리와 기회를 가져야 한다는 신념the belief that men and women should have equal rights and opportunities"이다. 남녀 모두 인간으로서 권리와 기회를 동등하게 누려야 한다고 주장하기 때문에 기본적으로 '인간 평등사상'이다. 더 구체적으로는 남녀 모두 정치, 경제, 사회적으로 평등해야 한다는 이론이다. 이런 '인간 평등사상'과 '성 평등 이론'은 여자에게만 좋은 게 아니다. 남녀 모두가 성에 관한 고정관념에서 벗어나 자신의 모습 그대로 살 좋은 방법이기 때문이다. 따라서 페미니즘은 모든 개인의 자유를 표방하는 인본적 평등주의다.

영국의 월드 스타에게도 페미니스트 하면 으레 떠오르는 이미지는 부정적이다. 너무 자기표현이 강하고, 너무 공격적이며, 친구도 없는 외톨이에, 남자라면 무조건 반대하고, 그냥 보기에도 매력 없는 여성으로 여겨진다. 이런 현실에서 왓슨조차 자신이 페미니스트라고 선언하는 것은 모험이다. 엠마 왓슨은 여덟 살 때 여자면서 대장 노릇을 하려 든다는 비난을 받았고, 열네 살 때부터 미디어에서 성적인 대상으로 노출되었다. 열다섯 살에는 근육질 몸이 싫어 운동을 그만두는 여성 친구들이 있었고, 열여덟 살에는 자신의 감정을 제대로 표현하지 못하는 남성 친구들을 보았다. 하지만 왓슨은 여자가 남자와 똑같이 대우받는 게 맞고, 남자든 여자든 자신의 결정은 스스로 내리는 것이 옳다고 생각했다. 여성들이 자기 삶에 영향을 미칠 수 있는 결정과 정책에 참여해 사회적으로 남성과 동등한 존중과 대우를 받는 것이 정당하다고 여겼다. 그리고 그런 생각을 하는 사람이 페미니스트라고 밝혔다.

페미니즘은 인간의 보편적 평등을 주장해 왔는데도 종종 여성들만의 리그로 오해를 받아왔다. 1997년 힐러리 클린턴은 베이징에서 여성 인권에 관한 유명한 연설을 했지만, 당시 남성 청중은 30퍼센트도 되지 않았다. 지금도 학회나 정부 차원에서 여성 관련 행사를 하면 남성의 참여율이 매우 저조하다. 그러나 진정한 평등을 향한 변화는 남자와 여자가 모두 참여할 때 가능하다. 성적 고정관념에 매여 성을 두 개의 대립항으로 생각하는 것이 아니라 다양한 관점이 공존하는 스펙트럼으로 본다면 우리는 모두 서로에게 중요한 무엇이 될 수 있다. 이것이 바로 왓슨이 주장하는 '히포시HeForShe 캠페인'이다.

히포시 캠페인의 핵심은 남녀가 모두 '함께' 보편 인간의 평등 캠페인을 하자는 데 있다. 페미니즘은 성별에 따른 차이와 차별을 거부하고, 개개인의 자유와 개성을 존중하며, 궁극적으로는 모두 인간의 평등을 지향한다. 따라서 여성뿐 아니라 남성도 생물학적 성별에 따라 미리 결정된 젠더박스를 거부하고, 한 개인의 자유로운 삶을 추구하며, 종국에는 남녀 모두가 평등하고 평화롭게 공존하는 세상을 꿈꾼다. 남녀가 함께 공존하는 지구이므로 남자도 여자의 관점, 즉 딸과 누이와 어머니의 관점을 이해하고 공감할 수 있다. 그런 관점은 결코 남성에게 해를 끼치지 않는다. 오히려 인간을 이해하는 더 진실하고 완성된 시각이 될 수 있다.

왓슨은 자칫 페미니즘을 주제로 이야기했다가 어렵게 쌓은 인기와 매력을 잃게 되는 건 아닌가 하는 긴장과 의구심을 느꼈다. 그때마다 이 말로 마음을 다잡았다고 한다. "내가 아니라면 누가 하겠어? 지금이 아니라면 언제 하겠어?" 왓슨은 자기 경험을 바탕으로 다른 비슷한 생각을 하는 마음 약한 여성들에게 힘을 주고 싶었다. 지금 너와 내가 아무것도 하지 않는다면, 여성이 남성과 동일한 임금을 받는 데는 100년 이상의 세월이 걸리리라 생각했다. 계속해서 1500만 명이 넘는 소녀들이 조혼에서 벗어나지 못하고, 빈곤한 아프리카 농촌 여성들이 고등 교육을 받지 못할 수도 있다.

영국의 버지니아 울프Virginia Woolf는 《나만의 방》(1929)에서 당시의 남녀 차별을 이야기하면서 100년 뒤에는 평등한 세상이 올 것이라 예견한 바 있다. 이제 어느덧 그 시간에 거의 다다랐지만 남녀의 임금 격차는 여전하다. 2020년 3월 조사 결과에 따르면, 국내 200대 상장사 등기 임원 1444명 중 여성은 39명으로 3퍼센트에도 미치지 못했다. 28퍼센트인 미국에 비해볼 때 우리나라의 경제 평등 지수가 매우 부족하다는 사실을 알 수 있다.

모든 인간이 평등한 세상을 꿈꾼다면, 우리는 모두 페미니스트일 수 있다. 페미니즘은 여성에 치우쳐 있거나 여성 우월주의에 기초하지 않는다. 페미니즘의 이상은 '평등한 세상'이다. 따라서 페미니스트라는 것은 부끄럽거나 수치스러운 일이 아니다. 또 누군가의 비난을 받을까 봐 조심하고 위축될 일도 아니다. 페미니즘은 '평등'이라는 인간의 타고난 자연권, 그 하나의 가치를 위한 투쟁이기 때문이다. 히포시 운동은 이런 좋은 가치를 실현하기 위한 중요한 한 걸음이 될 것이다. 중요한 것은 '남이 아닌 내'가, '내일이 아닌 오늘' 해야 한다는 것이다. 내가 아니라면 누가, 지금이 아니라면 언제 하겠는가. 누군가 언젠가 해주길 기다리며 차일피일 미룬다면 변화는 요원할 뿐이다.

▶ 한국의 페미니즘은 어떻게?

　한동안 공백기였던 한국에서 페미니즘이 리부트되고 다시 공론화된 계기는 2018년 초 서지현 검사의 검찰 조직 내 성추행 폭로로 시작된 '미투 운동'이었다. 문화예술계의 폭로가 잇따르면서 노벨문학상 후보로 거론됐던 고은 시인, 연극계의 대부 이윤택 감독 등 내로라하는 인사들이 하루아침에 줄줄이 성추행범으로 지목되었다. 정치계에서는 차기 대권 주자로 불리던 안희정 전 충남지사가 자신의 비서에게 업무상 위력에 의한 성폭행 혐의로 고소되었다. 학교 안의 성폭력 문제를 공론화한 '스쿨 미투'도 터졌다. 한국예술종합학교에서는 학생들의 성희롱 폭로로 교수 세 명이 징계를 받았다. 배우 조민기는 청주대 연극학과 교수 재직 시절 제자들을 상습 성추행했다는 의혹에 휘말린 뒤 자살했다. 그 외에도 배우 조재현, 오달수, 최일화와 영화감독 김기덕, 조근현의 성추행 의혹이 연이어 제기됐다.

미투 운동은 한국 사회 담론 안에 페미니즘을 대중적으로 확산시켰다. 5월의 '홍대 몰카 사건'은 유독 여성 가해자만 발 빠르게 징계하는 경찰의 편파 수사 문제를 제기했다. 오랫동안 고질적 병폐였던 인터넷 불법 몰카 동영상과 사이버 성폭력의 남성 가해자들 처벌은 차일피일 미루고 미온적으로 대처하면서, 여자가 가해자인 이 사건에는 즉각 적극 대응해 해당 여성을 바로 구속했기 때문이다. 페미니즘 진영에서 남성 가해자와 여성 가해자에 대한 성차별 수사 문제를 온라인 논의에 올렸고, 이는 혜화동 상의 탈의 시위와 같은 오프라인 운동으로 연결되었다. 집회에는 수만 명이 모여들었다.

그 이후로, 여성 피해자를 대상으로 한 몰카 촬영 등 조직적인 남성의 디지털 성범죄를 제대로 처벌하라고 촉구하는 집회가 계속 열렸다. 나아가 외모 중심으로 여성을 점수 매기고 평가하는 시선에서 벗어나자는 '탈코르셋' 운동도 전개됐다. 혜화역 시위는 특히 큰 주목을 받았다. 한국에서 여성만 참여한 시위 중 역대 최대의 규모인 데다가 조직적 행사 주최 없이 작은 인터넷 카페, SNS 등의 소규모 온라인 커뮤니티를 통해 삼삼오오 거리로 사람이 모인 전례 없던 형태였기 때문이다. 무엇보다도 온라인상의 논의가 키보드 탁상공론에 그치지 않고, 실제 거리로 사람들이 몸을 움직여 행동을 표출했다는 점, 그리고 페미니즘이라는 하나의 목소리로 그 다양한 집단이 모였다는 사실이 눈길을 끌었다.

하지만 반발도 없지 않았다. 일부 과격하게 펼쳐지는 운동을 두고 백래시 현상이 생기기도 했다. 워마드와 일베 등의 웹사이트에서는 서로의 성을 비하하는 혐오 표현들이 오르내리기 시작했다. 11월 이수역 폭행 사건처럼 '젠더 혐오' 현상이 오프라인 공간에서 폭력으로 표출되기도 했다. 남녀가 서로를 혐오하는 극단적 현상도 벌어졌다. 여성 혐오를 '여혐', 남성 혐오를 '남혐'이라 부르더니 이제 이성 간의 상호 혐오를 '이혐'이라고 부를 지경에 이르렀다. 직업과 재력이 있는 소비 지향적인 여성을 '김치녀'로 몰아세우던 시대 상황에 맞대응해, 새로운 여성단체 메갈리아는 혐오를 혐오로 반사하는 전략을 택했다. 이를테면 가부장주의에 젖은 남자를 '한남충'이라고 부르겠다고 선언했다. 미러링은 동등한 반사 전략이지만 혐오가 반사되자 혐오는 두 배로 증가했다. 된장녀는 '강된장남', 오또케는 '개저씨'로 반사된다. 그 외에도 '웅앵웅', '허버허버', '오조오억' 등의 남성 혐오어가 생겨났다.

혐오 문화가 확산되는 가운데, 역사적으로 가장 아름다운 존재로 인정받아 온 어머니마저 벌레로 격하되었다. 2004년 BBC 뉴스와 영국문화원은 세상에서 가장 아름다운 영어 단어로 '어머니'를 꼽았다. 그런데 한국에서 어머니는 벌레였다. 이른바 '맘충'이다. 맘충은 엄마를 뜻하는 영어 '맘mom'과 벌레를 뜻하는 한자어 '충蟲'의 합성어로 공공장소에서 어린아이를 방치해 타인에게 폐를 끼치며, 남편의 소득에 기대어 무위도식하는 몰지각한 전업주부를 비하하는 단어였다. 아이들에게 관대한 사회 분위기를 이용해 아이들이 공공장소에서 소란을 일으키며 무례하게 구는 데도 통제하지 않고 도리어 그것을 권리처럼 여기는 일부 젊은 어머니의 이기적 태도에 대한 일종의 언어적 보복이기도 했다. 이런 엄마들에 대한 반발로 인해 아이는 입장할 수 없는 '노 키즈 존' 식당과 카페도 생겨났다. 일단 '맘충'이라는 언어가 생기고 사용되자 어머니의 역사적 신성함은 일거에 사라지는 듯했다.

여성 혐오는 가정을 넘어 직장으로도 번져갔다. 직장의 남자 상사들은 자신을 잠재적 가해자로 볼 수 있다는 가능성에 분노하며 업무 권력으로 맞대응했다. 페미니즘 자체에 대한 반발 심리와 반작용으로 아예 공공 업무나 회식 자리에서 여성을 배제하는 현상이 일파만파 퍼져나갔다. 성 인지 감수성을 가지고 같이 일하기는 골치 아프고 신경 쓰이니 아예 빼자는 것이었다. 업무에서 여성 참여를 기피하는 이른바 '펜스 룰pence rule'이었다. 남성끼리 연대하는 '브라더 문화', '브로맨스' 그리고 '워마드 낙인'도 나타났다. 미러링 전략은 맘충을 '애비충', 혹은 '허수애비'로 반사했고 혐오는 다시 더 큰 혐오로 확대되었다.

직장뿐이 아니었다. 온라인에 익숙한 중고교와 대학교 그리고 청년들 사이에서 여성 혐오는 더 심각했다. 2020년에 3월에 터진 텔레그램 N번 방 사건은 잘못된 성 문화와 성 착취 구조를 드러내면서 사회 전체에 엄청난 충격을 던져 주었다. 놀랍게도 주모자는 20대 전후의 청년 혹은 청소년이었다. 이들은 성에 무지한 어린 여자 아이들을 협박하거나 '그루밍' 혹은 '가스라이팅'으로 단련시켜 수년간 인면수심의 행동을 시켜 왔고, 그렇게 해서 얻은 성 착취물들로 큰 돈을 벌었다. 한편에서는 소녀를 성적으로 착취해 경제적 이득을 구하고, 다른 한편에서는 성 착취물을 오락거리로 소비하는 잘못된 남성 성 경제, 삐뚤어진 남성 성 문화의 현주소를 적나라하게 보여 준 사건이었다. 단순히 생산자만 탓하기에는 사실상 생산자와 소비자 모두가 결탁된 문제였다.

종합하면 지금의 페미니즘은 성과만큼 반발도 컸다. 성과는 성희롱, 데이트폭력, 사이버 성폭력 등 그동안 신고율이 낮아 검거가 어려웠던 범죄 신고, 업무상 위력에 의한 추행 혐의의 기소가 증가했다는 것이다. 성폭력 범죄가 늘었다는 것이 아니라 성폭력의 피해자가 더이상 숨지 않고 정당한 처벌을 촉구하게 되었다는 의미로 해석될 수 있다. 특히 '업무상 위계나 위력에 의한 간음죄'의 경우 형량이나 벌금 면에서 처벌이 강화됐다. 전 충남도지사 안희정이 업무상 위력에 의한 성폭력이 인정되어 대법원에서 징역 3년 6개월의 실형을 확정받은 것이 한 예다. 셀프 촬영물을 상대의 동의 없이 유포하는 행위에 대해서도 '디지털 성범죄 근절을 위한 주요 법률'이 개정됐다.

반면 페미니즘에 대한 불편한 시선과 페미니스트라면 무조건 피곤해하는 분위기도 반발심과 함께 확산되었다. 혐오의 꼬리표가 붙은 여러 단어와 사건이 보여 주듯 가정을 비롯해 학교, 직장, 사회, 온라인 커뮤니티 등의 성 평등 인식, 젠더 평등 지수는 오히려 떨어졌다. 남자는 자신을 잠재적 가해자로 볼 수 있는 외부의 모든 부당한 시선에 분노했고, 여자는 학교 교육과 달리 별로 개선되지 않은 현실의 불평등에 분노했다. 한편 페미니즘이 공포를 조장한다는 의미로 '포비아 페미니즘'이라는 말도 나왔고, 페미니스트는 나치와도 같다는 적대적 의미에서 '페미나치'라는 말도 생겨났다. 눈뜨면 새로 생기는 엄청난 신조어와 말의 홍수 속에 남성과 여성이 서로를 불편하다 못해 미워하는 '여혐', '남혐', '이혐' 문화가 점차 확산되어 갔다. 법적이고 제도적인 개선은 되었어도, 사회적으로나 심리적으로는 오히려 퇴행하기도 했다.

▶ '그런데'보다는 '그리고'

이처럼 페미니즘이 유행한 만큼 그 반작용으로 여성 혐오도 상대적으로 확대된 것이 21세기 초 한국의 현실이다. 이런 페미니즘 백래시 현상은 외부 언론에 한국의 독특한 '반페미니즘 운동'으로 보도되기도 했다. 경쟁적인 개인들이 서로에게 느끼는 갈등이나 피로감도 있었지만, 점차 평등 기조가 확대되고 상대적으로 남성의 기득권이 약화되면서 오는 불안과 공포도 있었다. 이런 공포는 분노나 혐오로 표출되었고 정치적으로 이용되기도 했다. 그 분노와 혐오의 대상이 상대적인 약자를 향했기 때문에 약자 억압을 정당화하기도 했다. 경쟁으로 누적된 갈등과 피로, 사회 변화로 인한 적응의 위기와 두려움이 분노와 혐오 정서도 키웠다. 분노와 혐오는 경쟁과 변화라는 불안한 상황 속에서 안정된 기반마저 뺏길지 모른다는 공포를 이기기 위해 특정 대상에 부정적 속성을 투사해 제물로 삼은 것이다. 한국에서 나타난 페미니즘에 대한 분노와 혐오 경향은 세계적인 평등 지향의 흐름에 역행했다.

이런 상황에서 페미니즘 진영 안에서도 분열이 일어났다. 퀸페미(운동'권' 페미니스트)와 넷페미('네트'워크를 중심으로 하는 페미니스트)로 나뉘어 세대나 운동 방식의 차이를 기반으로 서로에게 불편한 시선을 보내기도 했다. 세대 간 갈등뿐 아니라 세대 안 갈등도 일어났다. 세분화된 이슈로 첨예하게 대립각을 세우다 보니 같은 넷페미 진영 안에서도 이런저런 갈등이 발생했다. 20대 인터넷 카페에서 30대가 활동하다 적발되거나, 커뮤니티의 주류 의견과 다른 관점을 강하게 피력하면 강제 퇴장을 당하기도 한다. 이런저런 차이로 한 커뮤니티 안에서도 서로를 비방하는 '키보드 워리어'가 긴장의 수위를 높였다.

인터넷 네트워크 접속이 일반화되자 많은 사람들은 여러 미디어나 표현 매체에 쉽게 접근할 수 있게 되었고, 온라인에서 남성과 여성의 대립구도, 또 여성 내부의 여러 갈등은 다양하고 복잡한 방식으로 표출되었다. 페미니즘이 기본적 인권인 '평등'을 향한 것이고, 남녀가 혹은 다양한 젠더가 자유롭게 표현되는 평등한 세상 살기를 꿈꾸는 것이라면 그 안의 세대, 나이, 계급, 국적, 인종, 물결 같은 분류는 어쩌면 더 문제를 복잡하게 만들 수도 있다. 우리는 같은 이야기를 다른 맥락에서 다른 화법으로 할 뿐인지도 모른다.

지금 필요한 것은 작은 차이들을 차이로 인정하고 난 다음에 그리고 나도 이런 의견을 좀 더 덧붙이고 싶다는 겸손하고 상대를 배려하는 자세 아닐까. 그러자면 '그런데'보다는 '그리고'가 필요하다. 너의 의견은 알겠지만 내 의견은 다르다고 말하기보다는, 너의 의견이 옳다고 인정하고 내 의견도 함께 생각해 보자는 '상호 인정'의 화법 말이다. 의견의 다름을 강조하기보다 그 의견들이 같은 인식과 토대에서 생긴 것임을 환기하고 공감할 필요가 있을 듯하다.

▶ ▶❙ 🔊 ▬▬▬

말싸움을 피하려면 '그런데'보다는 '그리고'를 많이 쓰라는 말이 있다. 워낙 경쟁이 심한 사회에서 살다 보니 자신도 모르는 사이에 뭐든 이겨야 한다는 생각이 뿌리 깊이 박혀 버렸는지 모른다. 내가 상대보다 더 낫고 옳아야 한다는 강박 관념 때문에, 경쟁 속에서 조금이라도 내가 더 돋보여야 하니까 '그런데'가 먼저 튀어나오는 것은 아닐까. 상대방이나 내 의견 모두 어느 정도 공통된 토대 위에 있다는 것은 인지하지 못한 채 말이다. 지금 우리에게 필요한 것은 서로의 차이를 존중하는 '상호 인정'의 화법이다.

서로의 다름을 이해하려면 먼저 '인간'이라는 토대로부터 사유를 시작해야 한다. 인간으로서 보편되고 공통된 기반을 우선 인정해야만 성별, 나이, 직업, 소득, 거주지, 국적, 정치 경향, 취미 활동 등 각자 다른 맥락의 특수한 상황과 환경을 제대로 이해할 수 있다. 모두가 같은 인간이라면 특정 유형의 인간을 새롭게 만들어 '비인간화'하지 않고도 구체적 상황에 접근할 수 있다. 그럴 때 비로소 평등하고 자유로운 개개인을 존중하게 된다. 논쟁이나 토론을 할 때도 인간이라는 공통의 토대를 기반으로 다양한 차이를 조망할 필요가 있다.

갈등과 분열은 차이를 부추기면서 생긴다. 그리고 이런 차이의 강조는 인간 본성 중 공명심과 명예욕에서 기인하기도 하지만, 무한 경쟁과 승자독식의 이데올로기를 만들어 낸 후기 자본주의 시대의 전략이기도 하다. 일례로 작은 차이가 명품을 좌우한다는 광고가 있다. 신자유주의의 소비 지향성에 휘둘려 정작 중요한 공통의 토대와 공감의 연대를 우리가 잠시 잊고 작은 차이, 실은 약간 더 잘난 나를 강조하려 한지도 모른다. 외모, 실력, 체력, 인맥 등 전방위의 무한 경쟁과 무한도전은 공동체의 조화보다는 개인의 성과에만 집중하게 만든다. 매 단계에서 자기 능력 전부 혹은 그 이상을 써야 진학하고 졸업하고 입사하고 승진할 수 있는 경쟁 사회에서 타인을 생각할 겨를은 없다. 공감과 연대라는 말도 와닿기 힘들다. 하지만 토마스 홉스Thomas Hobbes가 말했듯이 자연 상태에서 인간의 능력은 어느 정도 평등하다. 쉽게 말해 잘나 봐야 거기서 거기란 얘기다.

▶ 페미니즘은 휴머니즘

국가나 시대, 또 성별마다 다르지만, 사람의 평균 수명은 대략 80세 내외다. 누구도 천년만년 계속 살 수는 없다. 누구나 태어나 살다 죽는다. 어떻게 태어날지는 선택할 수 없지만, 어떻게 살다가 죽을지는 어느 정도 결정할 수 있다. 모두가 행복을 지상 과제로 삼는 시대다. 인생의 목표가 행복이라면 행복해지기 위해 오늘 무엇을 할 것인가? 행복은 행복 자체를 추구할 때보다 가치와 의미를 추구할 때 부수적으로 수반된다는 역설을 안고 있다. 경쟁에서 승자가 되기 위해 타인을 무시하고 짓밟을 것인가, 더불어 살기 위해 타인의 기쁨과 슬픔을 이해하고 공감할 것인가? 갈등과 분열 속에서 위태로운 승자로 살 것인가 아니면 평화와 안전 속에 안정된 협력자로 살 것인가? 실력이 비슷한 사람과 경쟁하고 작은 차이로 이긴 것에 우월감을 느끼며 살 것인가, 아니면 그와 나의 능력이 크게 다르지 않음을 인정하고 각자 잘할 수 있는 것을 함께 나누면서 존중과 배려 속에 살 것인가?

이제 정의나 평화, 윤리나 평등 같은 보편사상 혹은 공통 토대의 중요성에 대해 다시 한번 생각해 볼 때다. 정치적 올바름은 사회적 맥락 속에서 구성된다. 권위적이고 위계적인 조직문화를 타파하려는 공통의 목표가 있을 때는 민주적인 의사 수렴 과정이 중시되고, 무한경쟁과 승자독식을 조장하는 문화에서는 개인의 능력과 성과, 그리고 체제 순응과 결과적 승리만이 중요하다. 지금 혐오 감정을 초래하는 것도 공감보다 차이를 강조하는 사회적 분위기, 혹은 내가 너보다 낫다는 경쟁과 우월 의식에서 비롯된 것일 수 있다.

우리는 지금 자본주의 사회를 살고 있다. 자본주의에서 돈 없이 살기는 어렵다. 좋은 집에서 살고, 맛있는 밥을 먹고, 보고 싶은 사람을 만나고, 연애하고, 여행을 가려면 모두 돈이 든다. 결혼하고 애를 낳으려면 상상할 수 없이 많은 돈이 든다. 돈으로 살 수 있는 것이 많아졌고 삶의 매 순간마다 돈이 필요하다 보니, 누구나 가성비를 따진다. 머릿속으로는 늘 돈 걱정을 한다. 장학금을 타기 위해 공부하고, 팔릴 그림을 그리고, 팔릴 웹소설을 쓰고, 메달리스트가 되기 위해 운동한다. 이제는 마음도 모두 가격과 비용으로 환산해 가성비뿐 아니라, 가심비의 효율까지 따진다. 가격 대비 성능이나 가격 대비 심리 만족이라는 경제적 효율을 저울질하는 것이다. 돈, 돈, 그리고 돈이다.

경제 효율성이 높다는 것은 비교적 적은 비용을 투자해 더 많은 소득을 얻는다는 뜻이다. 모두가 적은 노력을 투자해 더 많이 벌고,

더 잘 먹고, 더 높이 쌓고자 한다. 그만큼 삶에서 돈과 자본이 차지하는 비중이 커졌다. 공부도 연애도 결혼도 출산도 다 돈이 있어야 가능하고 필요한 비용은 자꾸 늘어만 간다. 누구나 덜 노력하고 더 큰 성과를 얻고자 한다면 삶을 지배하는 중요한 가치는 가성비에 놓이게 된다. 정치, 경제, 사회, 문화가 종합적으로 작용하는 세상살이에서 경제가 그 모든 것을 좌우하는 최대의 유일한 가치가 되는 것이다.

가성비를 높이는 최고의 방법은 혼자가 되는 길이다. "지옥으로 가든 천국으로 가든 홀로 가는 자가 가장 빠른 법이다." 영화 〈1917〉에 나오는 대사다. 혼자 하면 관계로 인한 변수가 줄고 뭐든 계획대로 운용할 수 있다. 상대를 배려하는 데 드는 심리적 비용도 줄일 수 있다. 상대방의 취향이나 사정을 고려하지 않아도 되니 물심양면에서 가성비가 최고다. 그래서 혼밥, 혼술, 혼여, 혼카, 혼취가 유행이다. 하지만 혼자 뭐든 하는 사람은 높은 경제 효율성은 손에 쥘 수 있을지 몰라도 몸과 몸이 만나는 대인 관계에서 오는 교감과 공감, 신뢰와 존중과 같은 무형의 자산, 즉 사회자본social capital은 약할 수밖에 없다.

자기 계발에 바빠 취약해진 인간관계는 소셜 네트워크로 대체한다. 꾸민 이미지로 비슷한 관심사를 가진 사람들, 분야별 인기인과 연예인을 팔로우한다. 그들에게 영향을 받고 자신도 팔로워들에게 영향을 준다. 현실의 내 이웃보다는 네트워크 커뮤니티 속 이슈에 좌우되고 흔들린다. 점차 그 세계가 전부가 되고, 나는 작은 세계 속에서 믿고 싶은 대로 살게 된다. 빅데이터가 추천하는 마법의 알고리즘이 가세하면 내가 검색한 기록 위주로 다음 자료가 추천되고 결국 나는 점점 더 내 세계에 더욱 갇혀, 그 세계만이 전부라 믿게 된다. 정보의 바다가 넓을수록 더욱 자신만의 세계로 유폐되는 역설이다.

이제 더 늦기 전에 나와 타인의 관계에 대해 생각해야 할 때다. 페미니즘은 좋은 출발점이 될 것이다. 앞서 말했듯이 페미니즘은 차이를 인정하는 평등한 관계를 지향하기 때문이다. 이런 차이는 비단 남녀 간에만 있는 것이 아니다. 출신 지역이나 국가, 인종이나 민족, 언어와 문화 간에도 있다. 누구나 동질성을 기반으로 연대하기는 쉽다. 하지만 차이에 귀 기울이고 그것을 이해하기란 쉽지 않은 일이다. 나와 다른 성별, 지역, 국가, 인종, 민족, 언어와 문화를 우선 알아야 한다. 모르는 세계를 인지하고, 이해 가능한 세계로 바꾸어야 한다.

중요한 것은 그 변화의 핵심에 나 자신의 변화가 있다는 점이다. 나 중심이었던 가치관과 지역관, 국가관, 세계관을 변화시켜야 한다. 지금껏 믿었던 내 세계가 여러 다양성 중의 하나일 뿐 하나도 특별하지 않다는 것을 인정하기란 쉽지 않은 일이다. 나를 열고 타인을 내 세계로 받아들이는 일도 결코 쉽지 않다. 누구나 익숙한 것이 좋다. 이사만 가도 이직만 해도 삶이 고단하다. 익숙한 일상을 최적화하고 그 루틴대로 움직이는 게 가장 힘이 덜 든다. 새로운 세계를 인지하고 이해하는 데만도 많은 힘과 에너지가 소진될 뿐 아니라, 때로는 믿어 의심치 않았던 확고한 신념마저 뿌리째 흔들리는 성장통을 겪어야 할 수도 있다.

이럴 때 가장 쉬운 해결법은 그 차이를 그저 무시하거나 혐오하는 것이다. 마치 그런 차이는 없는 것처럼 생각하거나, 있다 해도 야만인의 미개한 습성 정도라서 무시하고 혐오하면 고귀한 내 세계를 지킬 수 있다. 가장 어려운 길은 나를 열어 차이를 인지하고 인정하고 또 이해하는 것이다. 그것은 나의 인식 세계를 재편하는 일이면서 동시에 지금껏 진리로 믿어 온 나의 가치관을 근본적으로 뒤흔드는 일이 될 수 있다. 나를 변화시키는 일은 생각보다 어렵다. 지금처럼 앞날이 더 불투명해진 변화의 시대, 팬데믹 대유행과 4차 산업혁명의 시대에는 더욱 그렇다.

그래서 차별 없이 차이를 받아들이는 일은 동질성의 세계를 지키는 것보다 분명 훨씬 더 어렵다. 하지만 차별 없는 차이의 수용은 페미니즘뿐만 아니라 인본주의의 목표다. 인간이라면 누구나 평등하기 때문에 그 사람이 가진 특수성으로 인해 차별받아서는 안 되는 것이다. 먹이의 이해관계나 성적인 번식 본능 없이 나를 열어 동등한 타인을 받아들이고 수용하는 것은 오직 인간만이 할 수 있는 일이다. 정글의 야수처럼 생존을 위해 사냥감을 물어뜯고 아귀다툼을 하는 것이 아니라, 이성과 진보를 믿는 계몽주의의 후예들답게 서로의 기본적 인권을 평등하게 존중하면서, 배려와 존중으로 품위 있게 상대를 수용하는 것 말이다. 그것은 휴머니즘의 목표이면서 동시에 페미니즘의 출발점이다.

페미니즘은 기본적으로 휴머니즘이다. 나의 자유와 평등만큼 남의 자유와 평등도 존중하는 것이 페미니즘의 지향이고 동시에 인본주의의 목표이기도 하다. 젠더 평등은 남녀가 평등한 권리와 기회를 추구하려는 노력과 실천이고, 그것은 남녀 모두가 똑같이 자유와 개성을 추구할 방법이기도 하다. 사회가 젠더박스라는 고정관념, 두 개로 나뉜 젠더 전형을 설정해 남녀에게 획일적으로 남성적, 여성적이라 분류된 특정 가치와 규범을 강요한다면 그것은 개개인의 개성과 자유를 방해하게 될 것이다. 개인의 특성을 있는 그대로 받아들이고 개별적 차이를 존중해서, 집단 규범이 강요하는 성차의 전형과 그로 인한 차별을 방지하는 것이 페미니즘과 젠더 평등의 지향이다. 페미니즘은 자유와 평등이라는 보편 인간의 기본권을 남녀 모두 누리고 살고자 하는 행복한 미래의 가능성이다. 우리가 함께 사는 세계에서 너는 나만큼, 여자는 남자만큼, 트랜스젠더는 시스젠더만큼 중요하다.

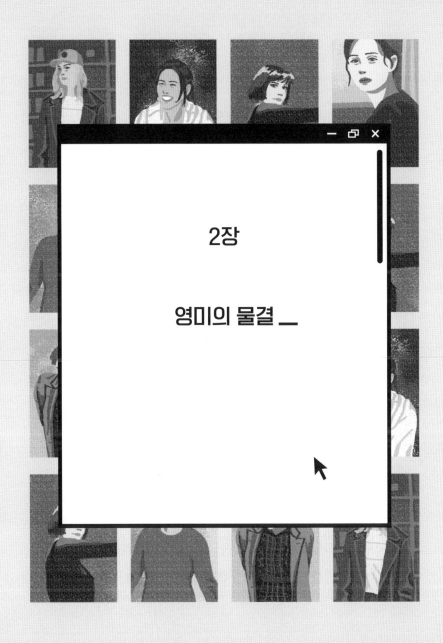

2장

영미의 물결 __

페미니즘 물결의
시작점은 어디인가?

▶ 페미니즘 역사의 출발점

페미니즘은 언제부터 시작되었을까? 페미니즘은 18세기 보편 인권 선언 이후 근대 시민으로서 남성과 동등한 여성의 권리와 가치를 탐색하는 이론과 실천적 노력이다. 그래서 대략 200년이 조금 넘는 역사를 가졌다고 말할 수 있다. 21세기 현시점에서 보면 2000년 이상의 역사의 시간 동안 대체로 계급사회가 지속되어 왔고 인간의 보편적 권리를 논의한 게 고작 최근 200년 남짓한 역사에 불과하다고 말할 수 있다. 남녀의 평등한 참정권이 확립된 시기는 국가마다 다르지만 대략 100년에 미치지 못한다고 할 수 있고, 이후에도 삶 속의 불평등을 개선하려는 시도는 지속되고 있다.

그전에는 어땠을까. 인류학자 스티븐 L. 쿤과 메리 C. 스티너는 구석기 시대의 노동분화가 호모사피엔스를 네안데르탈인보다 유리하게 만들었다는 가설을 내놓았다. 젠더에 따라 생업 노동을 나누는 호모사피엔스의 경향이 식량 확보와 생존을 유리하게 만들었다는 것이다. 인류학자 마크 다이블Mark Dyble은 성 평등이 폭넓은 사회 네트워크를 발달시켰기 때문에 초기 인간 사회의 강점이었다고 주장한다. 다이블의 주장에 따르면 공동체가 고정된 장소에 정착하고 자원을 축적하게 되자, 농경의 발전에 따른 성적 불평등이 처음 나타났다. 남자는 아내와 자녀라는 자원을 모으고 다른 남자 친족과 동맹을 형성하며 가부장이 되었다. 젠더 노동 분화는 인간의 생존력을 높이기 위해 시작되었으나 차이가 불평등으로 이어진 것이다.

안체 슈룹의 《페미니즘의 작은 역사》에 따르면 서양의 고대와 중세에 여성의 기록이나 관점은 거의 전해지지 않는다. 유럽의 고대, 즉 그리스와 로마는 가부장 사회였고, 여성의 기록은 거의 남겨진 게 없다. 민주주의가 처음 시작된 그리스의 도시국가 아테네에서도 여자와 노예는 투표권이나 발언권이 없었다. 오직 귀족 남성만이 시민으로 간주되었고, 여자와 노예는 '사람'에 속하지 않았다. 고대 민주주의는 사실상 귀족 남성에게만 민주적 권리를 부여했으므로 여성의 주권적 정치 참여는 불가능했다.

중세도 가부장 사회였다. 중세는 기독교가 지배하는 시대였고, 최고의 가부장은 '아버지 남성 신'인 하느님이었다. 경제활동이 제한된 여성들은 결혼해서 남편에게 삶을 의존하거나, 종교적으로 귀의해 수도원에서 생활하는 길밖에 생존할 방법이 없었다. 13세기 유럽에는 결혼한 가정이나 수도원이 아닌 여성 공동체가 생겨났지만 14, 15세기 동안 교회가 이런 공동체를 박해했고 억압은 16세기 종교개혁 이후에도 계속되었다. 많은 여성 공동체가 강제로 폐쇄되었고, 그곳의 여성들은 살아남기 위해 어쩔 수 없이 남자와 결혼해야 했다.

근대에 이르자 종교 대신 학문, 법, 인권이 중요한 가치로 부각되었다. 하지만 여전히 인권은 '남성'만의 권리였다. 17세기 프랑스

철학자 마리 드 구르네의 《남녀 평등》(1622)이 근대 유럽의 평등 페미니즘을 처음으로 주장하며 여성의 권리에 대해 논의했지만 큰 반향을 일으키지는 못했다. 1789년 일어난 프랑스 대혁명조차 남성만을 보편 인간으로 보았고, 신분제를 철폐하려는 보편 시민의 인권 운동도 남성 주체만을 위한 자유, 평등, 박애의 구호를 외쳤다. 이때 박애가 '형제애'로 불릴 정도로 여성은 자유와 평등의 인권 운동 주체에서 배제되었다.

18세기 근대의 계몽주의 사상이 인권 논의에서 여성을 배제하자 여성들이 반발하기 시작했다. 18세기 말 프랑스의 올랭프 드 구주Olympe De Gouges와 영국의 메리 울스턴크래프트Mary Wollstonecraft는 최초의 페미니스트로 꼽힌다. 이들은 여성에게도 인권이 있으므로 여성도 남성과 동등한 권리를 누려야 한다고 목소리를 높였다. 올랭프 드 구주는 프랑스혁명에 적극 가담했던 여성을 혁명 이후 '집 안'으로 밀어 넣고 정치에서 배제하는 것에 반발했다. 프랑스혁명으로 만들어진 인권선언 〈인간과 인간 시민의 권리 선언〉이, 남성 인간과 남성 시민에 국한되어 있음을 비판하며 구주는 〈여성과 여성 시민의 권리 선언〉(1791)을 썼다. '페미니즘의 어머니' 울스턴크래프트는 '최초의 페미니즘 문헌'으로 꼽히는 〈여성의 권리 옹호〉(1792)를 쓰면서 이성을 가진 인간은 모두 자유롭고 평등하다고 주장한 계몽사상가들조차 여성을 '인간'에서 제외한다는 점을 지적했다. 의존성을 가르치는 당시 여성 교육을 비판하고, 여성도 남성과 동등한 이성 교육을 통해 남자와 똑같이 보편 인권을 누리는 주체가 되어야 한다고 주장했다.

그러나 이 둘은 생전에 뜻을 이루지 못하고 젊은 나이에 요절했다. 울스턴크래프트는 18시간 산고에 시달리며 둘째 딸 메리를 난산했지만, 그 합병증으로 30대에 죽었고,• 드 구주는 여성 참정권 운동을 하다가 40대에 기요틴에서 참수당했다. 계몽주의 시대에 보편 인권의 이름으로 여성의 동등한 권리를 주장한다는 것은 육체적으로도 정치적으로도 쉽지 않은 현실이었다. 당연한 것으로 간주되던 여성의 출산도, 당연한 줄 알았던 모든 인간의 참정권 운동도 생명을 앗을 만큼 위험하고 도전적인 일이었다.

한편, 19세기 미국에서는 '여권 운동women's rights movement'이라는 말이 생겼다. 1848년 여성 참정권 대회 세네카 폴스 모임에서 처음 나온 말이었다. 이 모임은 뉴욕에서 열렸는데 여성의 시민권과 정치권을 주장하는 데 목적이 있었다. 대회 주도자는 루크레티아 모트Lucretia Mott와 엘리자베스 캐디 스탠튼Elizabeth Cady Stanton이었다. 흑인 노예 폐지론자 프레드릭 더글라스Fredrick Douglass도 이 모임을 지지했다. 엘리자베스 캐디 스탠튼은 이후에 수잔 앤서니Susan B. Anthony와 '전국 여성 참정권 협회'를 만들었다.

세네카 폴스 모임에서 〈세네카 폴스 선언Seneca Falls Convention〉

• 이때 울스턴크래프트가 낳은 딸이 《프랑켄슈타인》의 저자 메리 셸리이다. 일반적으로 알려진 것과 달리 원작에서 프랑켄슈타인은 괴물을 창조한 박사 이름이고, 괴물은 이름이 없다. 엄마의 죽음을 통해 탄생한 딸의 고뇌를 생각해 보면, 프랑켄슈타인 박사의 괴물 창조가 엄마의 몸이 아닌 실험실에서 이루어진 것과, 태어난 시점부터 창조자에게 버림받은 괴물의 고통이 이해된다. 이런 맥락에서 울스턴크래프트는 프랑켄슈타인의 할머니라고 불리기도 한다.

이 발표되었다. 미국의 독립선언서에 명시된 자유와 평등의 원칙을 여성에게도 적용할 것을 주장하는 내용이었다.

우리는 모든 남녀가 평등하게 창조되었다는 것을 자명한 진리로 여긴다. (…) 남성은 여성이 누구에게도 양도할 수 없는 투표권을 행사하게 한 적이 없다. (…) 남성은 여성이 결혼하면 법률상 시민으로서 아무런 권리도 행사할 수 없는 죽은 존재로 만들었다.

이 선언은 당시 생겨난 다른 여성 단체들에게도 영향을 끼쳤다. 많은 여성 단체가 여성의 평등한 직업 기회와 참정권을 요구하며 불평등한 결혼법을 비판했다.

이처럼 제1물결 페미니즘은 '평등 페미니즘'이다. 남녀 간의 '평등'에 주안점을 두었기 때문이다. 인간으로서 기본적으로 누려야 할 것들을 남녀가 평등하게 누리도록 여성의 권리를 확보하는 게 목적이었다. 여성도 정치에 참여하고, 직업을 갖는 등 사회생활을 할 기회를 요구했으며, 결혼 생활이 불평등하다면 이혼할 권리도 갖고자 했다.

제1물결 페미니즘에선 성차를 넘어선 보편 인권이 중요한 키워드였다. 여자는 선천적으로 열등하다는 시각을 극복하기 위해 후천적으로 구성된 성에 대한 시각이 주목받았다. 프랑스 철학자 시몬드 보부아르는 성차가 후천적이라고 보았다. 그녀는 자신의 책 《제

2의 성》(1949)에서 "여성은 태어나는 것이 아니라 만들어진다"고 말해 센세이션을 일으켰다. 성차는 생물학적인 것이 아니라 사회적인 것이며, 남녀의 본성도 타고난 것이 아니라 후천적으로 구성되는 것이라고 주장했다. 즉 근본적으로 남녀가 같다는 시각이다. 그러므로 여성도 남성과 동등하게 교육받으면 전문 직업도 가지고 정치 활동도 할 수 있다는 논리다.

평등 페미니즘은 기본적으로 남녀가 같다고 본다. 그런데 이렇게 생각할 경우 여자가 도달해야 할 보편 인간의 기준이 여전히 남성이고, 남성은 보편 기준이 될 수 있다. 평등 페미니즘은 남녀가 근본적으로 같고 차이가 나거나 여자가 열등한 이유는 후천적 양육과 교육의 문제 때문이라고 본다. 기본적으로 교육, 직업, 결혼에 있어서 법적으로 남녀의 동등한 권리를 주장해 보편적 인권을 확립하려 했다는 점에서 높이 평가받는다. 기본적으로 남녀는 후천적으로 구성된 존재이므로 남녀에게 같은 인간으로서의 동등한 교육과 양육을 통해, 평등한 권리와 책임을 주자는 평등 논리다. 평등 페미니즘은 보편적인 인권의 토대를 마련했다는 점에서 그 공로를 인정받아야 한다.

남녀는 평등한 인간이므로 성차가 없다는 시각은 성과와 동시에 한계가 있다. 남녀가 같다는 보편적인 인본주의 관점은 여전히 남성을 보편 기준으로 간주하는 경향이 있다. 그로 인해 현실에서 여성들이 당하는 차별을 은폐한다. 일례로 프랑스에는 여성형, 남성형 명사가 나뉘어 있고 여성인 교수에게 여교수라 부르지 않고 교수라고 부르는 것이 일종의 존대이자 존중의 의미로 통한다고 한다.

우리나라도 1980년대에 판검사는 대다수 남성이어서 법관을 '영감님'이라고 불렀다. 초창기 여성 판사들은 이 호칭에 매우 당황했다고 한다. 이처럼 남성형을 대표 격으로 사용하는 것은, 남성이 보편이고 기준이며 보통의 인간이라고 말하는 것이기도 하다.

여성을 의미하는 호칭을 따로 부르는 것 때문에 여성은 보편적이지 않은 성특화된 존재로 여겨지기도 한다. 예를 들어 여교수, 여판사, 여교사, 여직원, 여배우 등은 특수한 존재, 혹은 전문성이 떨어지는 범주처럼 여겨질 수 있다. 심한 경우 성적 매력으로 특성화된 이 군집단을 연상시킬 수도 있다. 이런 시각은 남성의 몸을 보편, 지배자, 정복자나 전사로 본 반면, 여성의 몸은 특수한 기능, 즉 출산, 수유, 생명 보호에 한정했던 고전 철학에서 비롯된 것이기도 하다.

현대에 와서, 남성을 보편 인간으로 보는 것에 반대하는 시각은 처음부터 평등하게 성차를 인정할 것을 주장하기도 한다. 성차를 인정하면서 남성과 대등한 여성의 관점에서 남녀 평등을 주장하는 것이다. 니콜 바사랑Nicole Bacharan은 성차가 보편적이고 남녀의 구분이 분명하니, 중성이 아닌 혼성의 시대를 구상해야 한다고 주장했다. 이 관점은 부부관계, 가족관계 등 사적 공간뿐 아니라 국회의원, 공무원, 직장인 사회와 같은 공적 공간에서의 동등한 문화와 동수제 논의로 이어진다.

프랑스는 '남녀 동수법' 개혁으로 현재 정부 내각의 성비가 거의 같다. 남녀 동수법은 1966년 시몬 베유를 포함해서 여성들이 발표한 〈동수 선언문〉에서 비롯되었는데, 1999년에 드디어 헌법 제3조에 "법은 선거의 기능과 직무에 관해 남성과 여성의 평등한 접근을 돕는다"는 조항이 추가되면서 뜻을 이루었다. 2000년에는 선거 후보자를 남녀 동수로 내지 않는 정당에 대해서 재정을 삭감하기도 했다. 이런 노력의 결과 2010년에 여성 지방의원이 48퍼센트에 달하는 성과를 이뤄냈다.

남녀가 다르다는 관점은 현대에 와서 대등한 여성의 지위를 주장하고 공직에서 남녀의 성비를 평등하게 만들기도 했지만, 다른 한편 남녀 이분법에서 벗어나지 못한다는 한계도 갖는다. 성차가 있다는 시각은 남녀의 대등한 관계를 주장했지만, 남녀의 이분법에 치우쳐 성소수자나 제3의 성 혹은 성 정체성의 위기를 겪는 사람들에 대해서 인정과 고려가 미흡한 측면도 있다.

문제는 '평등' 대 '차이'의 구도이다. 평등의 페미니즘은 남녀가 똑같은데 후천적으로 다르게, 특히 여성이 열등하게 교육되었다는 점에서 구성주의의 입장을 취한다. 평등의 페미니즘은 본질적으로 남녀는 같은 인간이며 남녀는 일차적으로 태어나기보다는 당대의 지배 규범과 이데올로기에 의해서 이차적으로 구성된다고 본다. 따라서 성차별의 극복도 동등한 교육과 직업 기회로 이루어질 수 있다. 반면 차이의 페미니즘은 본질적으로 남녀가 다르고 여성은 원래 열등하지 않다고 본다. 본질주의는 인간이 원래 신체적으로 어떤 해부학적 구조를 타고나는 운명의 주체로 설명한다. 모든 사람이 자신의 내부에 내적인 어떤 요소를 중심 핵으로 가지고 있어서 생래적인 차이를 존중해야 한다는 입장이다. 여성의 특이성이나 독특한 성차, 혹은 여성적 윤리가 있고, 그것은 그 자체로 존중받아야 할 것이 된다.

이런 평등과 차이의 구도, 구성주의의 본질주의의 시각에서 볼 때 서구 페미니즘의 역사는 크게 세 개의 물결로 나누어 볼 수 있다. 많은 페미니스트들이 여러 갈래로 설명한 서구 페미니즘의 분류와 역사는 다양하지만, 일반적으로 수렴된 특성에 따라 본다면 대략적으로 세 개의 물결에 대한 공통된 이해가 있고 이후의 다른 물결들에 대한 보충적 논의가 있다고 생각된다.

우선 처음에 페미니즘은 남녀가 법적으로 불평등하던 시절 평등에 대한 요구로 시작했다. 남녀는 원래 같고 하나의 주체인데 남녀를 다르게, 혹은 여성을 남성보다 열등하게 만드는 것은 후천적 교육이라는 입장이다. 두 번째로 법은 평등을 보장하는데 현실의 여성은 여전히 불평등할 뿐 아니라, 여성 내부에도 인종, 민족, 계급, 섹슈얼리티를 중심으로 다양한 차이가 있다는 성찰에 이르렀다. 여성은 남성과 본질적으로 다른 집단일 뿐 아니라 여성 내부의 다양한 차이도 봐야하는 것이다. 세 번째로 특정 범주로 나눌 수 없는 여성 개개인의 차이를 심화하다 보면 구성과 본질의 이분법에 속하지 않는 복잡한 사유 방식이 동원되고 남녀를 나누는 기준에까지 의문을 제기할 수 있다. 이 경우 여성을 여성이라 말할 수 있는 범주적 기준이나 한 여성이 다른 중층적 결정요인과 만나는 지점을 문제 삼기도 한다. 이런 기준은 다양한 교차점에서 여러 다른 문제의식과 복잡하게 얽혀 또다시 새로운 흐름을 만들기도 한다.

로즈마리 퍼트넘 통Rosemarie Putnam Tong과 티나 페르난데스 보츠Tina Fernandes Botts는 《페미니즘: 교차하는 관점들》의 다섯 번째 개정판을 쓰면서 2010년대에 추가된 문제까지 다루고 있다. 이들의 관점은 자유주의 페미니즘을 기반으로 시작된 페미니즘을 크게 제1의 물결부터 제3의 물결까지로 구분한다. 대략 19세기 중반부터 1950년대까지 페미니즘 운동을 '제1의 물결' 시기로, 1960년대부터 1980년대까지 페미니즘 운동을 '제2의 물결' 시기로, 그리고 1990년대부터 현재에 이르는 페미니즘 운동을 '제3의 물결' 시기로 본다. 제1의 물결은 여성 참정권을 중심에 두며, 제2의 물결은 젠더 평등과 여성을 위한 평등한 기회에 중점을 두고, 제3의 물결은 평등주의적 관심사, 결과의 평등, 교차성 이론으로 중심을 옮긴다.

이들의 분류는 대체로 어느 정도 합의되어 있어서 많은 페미니스트들이 인정한 물결의 분류와 동일하다. 1792년 《여성의 권리 옹호》를 쓴 메리 울스턴크래프트는 제1의 물결 이전에 평등 교육을 주장했고 제1의 물결 페미니즘의 기반이 되었다. 19세기 중반부터 1950년대까지 주로 자유주의 페미니즘을 중심으로 평등한 자유와 여성 참정권을 중심으로 한 페미니즘 운동은 '제1의 물결' 시기로 분류된다. 남녀의 평등한 참정권을 보장한 미국 수정헌법 제19조가 통과된 후 40년간 조용하다가, 제2의 물결은 1960년경 여성이 완전히 해방되기 위해 시민적 자유는 물론 경제적 기회적 성적 자유도 필요하다고 저항적 페미니스트들이 주장하면서 시작되었고 급진주의 페미니즘 중심으로 운동이 확산되었다.

제3의 물결 페미니즘은 1992년 리베카 워커Rebecca Walker가 '제3의 물결'이라는 용어를 만들었을 때 공식적으로 시작되었다고 할 수 있다. 1980년대와 1990년대에 백인 페미니즘에 대해 문제를 제기하며, 유색 인종 여성들이 목소리를 내기 시작하면서 성, 인종, 계급, 성적 경향 등 교차적이고 복합적인 관점의 페미니즘을 제시한 개인적 서사들이 부각되었다. 포스트모더니즘이 우세해짐에 따라 종합보다는 복합적인 목소리를, 이론적 정당화보다는 행동을 수용했다. 제3의 물결에서 가장 중심적 역할을 한 것은 교차성 페미니즘이라고 할 수 있다. 제3의 물결 페미니스트에게 차이는 있는 그대로의 현상이며, 이들은 갈등과 모순을 예견하고 심지어 기꺼이 환영한다. 제2의 물결 페미니스트와 달리, 자기가 그 직업을 좋아하고 스스로 잘한다고 생각한다면 페미니스트면서 동시에 포르노 스타, 콜걸, 혹은 랩lap 댄서가 될 수도 있다고도 주장한다. 제3의 물결 페미니즘과 퀴어 이론은 개인의 정체성, 인간의 경험, 섹슈얼리티, 지식, 정치학을 교차적으로 생각하는 방식에 있어 공통점이 있다.

　제1의 물결이 여성도 남성과 '같다'는 '평등'을 말한다면, 제2의 물결은 남성과 '다른' 여성 집단의 '차이'와 역량 강화를, 제3의 물결은 여성 '개개인'의 문제와 다른 소수자와 '연대'할 가능성까지 말하고 있다. 《페미니즘: 교차하는 관점들》은 페미니즘을 열 개로 분류하여 설명한다. 우선 자유주의 페미니즘은 인간의 고유성을 인간의 이성 능력에서 찾는 공통점이 있지만 그 안의 스펙트럼이 다양해서 자유주의 페미니즘 안에 제1, 제2, 제3의 물결이 나타나기도 한다. 그 다음으로 급진주의 페미니즘은 제2의 물결에서 부각되었고, 가부장적 체계 안에서는 진정한 젠더 평등 혹은 성 평등이 불가능하다고 보아 진정한 해방적 개혁을 위해 급진적 질서 재편이 필요하다고 인식한다. 급진주의 페미니스트는 자신을 개혁가보다는 혁명가로 인식하며 "개인적인 것이 정치적인 것이다"라고 외친다. 자유주의 페미니즘과 급진주의 페미니즘 외에도 마르크스주의와 사회주의 페미니즘, 미국의 유색인종 페미니즘, 전 세계의 유색인종 페미니즘, 정신분석 페미니즘, 돌봄 중심 페미니즘, 에코 페미니즘, 실존주의, 포스트구조주의, 포스트모던 페미니즘, 그리고 다시 마지막에 제3의 물결 페미니즘과 퀴어 페미니즘이 제시된다.

과거에도 비슷한 분류는 있었다. 줄리아 크리스테바Julia Kristeva는 〈여성의 시간〉에서 이와 유사하게 분류하면서 1세대, 2세대, 3세대 페미니즘을 나누었다. 제1세대 페미니즘이 참정권 운동부터 1968년까지의 논의로 평등에 입각한 사회, 정치적 권력 투쟁이라면, 제2세대 페미니즘은 1968년 프랑스 학생 혁명부터 1979년까지로 차이에 입각한 여성성과 여성적 문화, 오이디푸스 이전 시기의 모성성의 추구이자 급진적 분리주의라고 주장했다. 그리고 이 글을 쓸 무렵인 1979년 이후 자신을 포함한 제3세대 페미니즘 세대는 언어의 혁명성과 상호 텍스트성의 가능성, 그리고 상징계와 기호계의 쉼 없는 교체로서 자기 동일성의 모든 논리를 거부하는 방향으로 나갈 것이라고 주장했다.

조세핀 도노번Josephine Donovan도 《페미니즘 이론》에서 논의를 범위를 1982년까지로 한정하기는 했지만, 여성이 참정권을 얻어서 평등한 정치적 주장을 하기까지 19세기의 여권 운동과 20세기의 운동을 분리하기 위해, 각각 첫 번째 물결과 두 번째 물결이라는 용어를 사용했다. 즉 동일한 참정권 주장을 하던 논의를 제1의 물결로 보았고, 그 이후 차이와 다양성 논의를 제2의 물결로 분류했다. 그리고 페미니즘을 계몽주의적 페미니즘, 문화적 페미니즘, 페미니즘과 마르크시즘, 페미니즘과 프로이트주의, 페미니즘과 실존주의, 래디컬 페미니즘, 마지막으로 신페미니스트의 도덕적 비전으로 분류해 설명했다.

분류법과 세대 구분에 약간의 차이는 있지만 크게 페미니즘의 큰 파도라는 의미에서 물결의 관점으로 그 흐름을 구분해 본다면 이처럼 세 개의 파도로 나누어 볼 수 있다. 19세기부터 20세기 초까지 평등한 법적 권리를 추구한 제1의 물결 페미니즘, 20세기 중반부터 후반까지 남성과 다른 여성의 차이를 주장하며 현실의 여성 역량을 키우려 한 제2의 물결 페미니즘, 그리고 20세기 후반 이후의 흐름으로 여성 내부에 복잡하게 교직된 교차적 다양성을 추구한 제3의 물결 페미니즘이 있다고 할 수 있다.

먼저 제1의 물결 페미니즘은 19세기 말에서 20세기 초까지 여성 참정권을 중심으로 영국과 미국에서 주로 전개되었다. 앞서 말했듯이 이 시기엔 남녀 '평등'에 초점을 두었고 평등을 제도로 구현하려 애썼다. 여성의 참정권, 재산권, 이혼권과 양육권 등이 제도화되면서 제1의 물결은 어느 정도 해결된 것으로 보였다. 메리 울스턴크래프트와 올랭프 드 구주가 주장했던, 남녀가 동등하게 교육받을 권리, 평등하게 정치에 참여할 권리는 제1의 물결에 주장하는 평등 페미니즘의 기반이 되었다. 그리고 많은 여성들이 여러 단체를 결성해 법이 보장하는 정치적 동등권을 위해 목숨을 걸고 싸운 끝에, 대략 20세기 초반에 이르러 세계 각국에서 여성은 남성과 동등한 참정권을 얻게 되었다. 참정권이 확보되자 제1물결 의제의 파도는 지나갔다.

1960년대에 와서 제2물결 페미니즘의 파도가 서서히 밀려왔고 이는 1968년 프랑스 68운동 혹은 5월 혁명으로 활성화되었다. 이들은 제도나 법의 관점에서 한층 더 들어가 현실의 삶과 일상 속에서 여전히 개선되지 않는 다양한 성차별에 집중했다. 미국에서는 백인 중산층 여성을 중심으로 남녀평등헌법 수정안과 낙태 권리를 주장하기도 했다. 미국의 전미 여성 기구, 전미 낙태법 폐지 협회, 컴바히 강 단체 같은 조직들은 여성의 결혼과 재생산의 권리, 가족과 직장에서의 평등, 섹슈얼리티 논쟁, 여성에 대한 폭력 종식 등의 문제에 중점을 두었다.

케이트 밀렛Kate Millett의 《성 정치학》은 D. H. 로렌스, 노만 메일러, 헨리 밀러, 장 주네의 작품을 중심으로 문학 속 성애적 장면 속의 정치적 남녀 우열 구도를 비판했다. 베티 프리단Betty Friedan의 《여성의 신비》는 이상적인 중산층 백인 여성상이 아름답게 신비화되어 있지만, 현실의 여성은 그런 허구적 이상 때문에 자기실현 대신 가정주부의 삶을 택한 뒤 우울과 불안, 소외감과 자아의 공백으로 불행해한다는 점을 지적했다. 메리 엘만Mary Ellmann의 《여성을 생각하며》는 영미문학의 여성성 재현에 나타난 성적 유추와 전형적 여성 이미지를 남성 작가와 여성 작가로 나누어 비판했다. 이런 흐름의 물결은 법과 제도로도 여전히 개선되지 않는 현실의 여성 문제를 제기했다는 점에서 뛰어난 공로가 인정되었으나, 여전히 영미의 백인 중산층 여성논의에 한정된다는 문제점도 안고 있었다.

제2의 물결 페미니즘은 기본적으로 여성이 남성과 다르다고 보며, 여성만의 성차를 인정한다. 때로는 여성적 특성이 우월하다고 보기도 하고, 반대로 평등에 장애가 되는 여성의 생물학적 생식 능력을 극단적으로 거부하기도 한다. 이 차이는 나중에 점차 여성 내부의 다양한 차이의 기준에도 주목하게 되고, 제3의 물결과 연결되면서 성차의 이항 대립 구도로 설명되지 않는 새로운 인식론을 추구하는 방향으로 나아가기도 한다. 그래서 제2의 물결 페미니즘은 LGBTQ와 연대하거나 게이와 레즈비언, 트랜스젠더의 권리에 집중하는 운동도 했다. 수잔 스트라이커의 《트랜스베스티아: 옷의 평등을 위한 미국 협회 저널》이나 1960년대의 잡지 《트랜스베스티아》는 미국에서 트랜스젠더 권리 운동의 시작을 알렸다. 또한 1969년 트랜스젠더 활동가의 뉴욕 스톤월 항쟁은 LGBTQ권리에 대한 대중 의식의 저변을 넓혔다.

이런 제2의 물결의 마지막에는 포르노 논쟁이 있었다. 이 논쟁은 급진주의 페미니스트● 로빈 모건Robin Morgan이, "포르노는 이론이고 강간은 실천이다"라고 포르노를 비난하면서 시작되었고, 역시 급진주의 페미니스트 안드레아 드워킨Andrea Rita Dworkin과 캐서린

● 사회적, 경제적 맥락에서 모든 남성 중심주의를 제거할 근본적 사회 재구성을 요구하는 페미니스트를 말한다. 급진주의 페미니즘은 1960년대 제2의 물결 페미니즘이 부상하던 시기에 '가부장제'를 무엇보다 뿌리 깊은 억압의 근원으로 보고 가부장제를 철폐할 길을 모색한다. 여성의 성적 대상화 반대, 강간과 여성 폭력 반대, 성 역할 관념에 대한 도전 등을 중심으로, 남성의 특권을 폐지하고 억압적 성 구분을 종식시키려 하며, 계급 갈등보다는 가부장적 젠더 지배관계를 억압의 근원적 뿌리라고 본다.

맥키넌C. A. Mackinnon을 중심으로 한 '반포르노 법률안' 입법 운동으로 이어졌다. 그러나 이 법률은 1986년 표현의 자유를 규정한 수정헌법 1조에 위배된다는 이유로 위헌 판결을 받았다. 포르노그래피는 페미니스트 사이에서 여전히 큰 논쟁거리 중 하나다. 포르노를 여성에 대한 폭력으로 보는 시각과, 자유로운 성애적 표현으로 보는 시각이 양립하기 때문이다.* 제2의 물결은 1980년대 말 성애와 포르노 논쟁에서 반포르노법은 위헌이라는 판정을 받으면서 어느 정도 지나갔다.

제3의 물결이 다시 시작된 것은 1990년대 초다. 이 시대는 1960~80년대 페미니즘 운동의 한계를 반성적으로 조망했다. 성차를 정하는 기준조차 남성 중심성에서 온다고 보고, 기존의 모든 개념과 정의를 거부한 뒤, 모든 자기 동일적 정체성을 문제 삼아 성차의 이분법이나 이원성을 극복하려는 관점이 시작되었다. 그동안 운동의 초점을 '남녀'나 '평등'에 맞추어 생각하다 보니 표면적으로는 이 과제를 완수한 것처럼 보였고, 이분법적 여성주의를 비판하며 페미니즘 이후를 논의하는 포스트페미니즘도 나타났다. 한편 현실적으로 여성의 삶은 별로 나아진 것이 없다는 자각도 일었다. 포스트

---

* 1976년 안드레아 드워킨이 영화 〈스너프〉에 반대하는 시위를 뉴욕에서 펼치면서 여성주의 반포르노 운동을 시작했다. 실제 행위도 일어나는 포르노가 대중화되어 여성이 성적으로 학대당하고 착취되는 문화 상품이 확산되는 것을 막기 위해 드워킨과 맥키넌은 포르노를 규제하는 법을 만들고자 투쟁했다. 반면, 앨런 윌리스나 게일 루빈은 반포르노 여성주의가 성적 청교도주의나 도덕적 권위주의가 될 수 있고, 표현의 자유나 여성의 성애적 쾌감 추구권을 침해한다고 보아 반대했다. 약 10년간의 포르노 논쟁은 1986년 포르노그래피 금지조례가 위헌 판결을 받으면서 일단락된다.

페미니즘은 평등이 이미 완수되었고 '여성은 이미 충분히 가졌다'고 주장하면서 성별 불평등이 분명히 존재하는 현실을 교묘히 감추는 안티 페미니즘의 요소도 안고 있었다.

로즈마리 통도 논의했지만, '제3의 물결 페미니즘'이라는 말은 미국 작가 리베카 워커가 1992년 페미니스트 잡지 《미즈Ms.》에 〈제3의 물결 되기〉라는 글을 기고했을 때 처음 쓰였다. 그동안 페미니즘이 너무 '남녀'나 '평등'에만 갇혀 있었다는 각성과 반성을 바탕으로, 제3의 물결에서는 백인 여성 중심성을 벗어나 흑인 등 유색 인종 여성뿐 아니라 성 소수자나 장애인을 비롯한 다양한 소수자들 문제로 논의를 확장해 나갔다. '다르지만 그래도 평등하다'를 기본 원칙으로 삼고 '차이의 다양성'에 좀 더 집중했다. 이것은 서로 다른 정체성과 경험을 종합해 새로운 방식의 연대를 모색한다는 점에서 '교차성 페미니즘'●과 깊이 연결된다.

이밖에도 영국의 젠더 이론가 샐리 하인즈는 2018년 출간된 《젠더 정체성은 변화하는가?》에서 최근의 페미니즘 운동이 제4의 물결 페미니즘이라고도 불리며 이 운동은 계속 다각화되고 있다고 주장했다. 하인즈는 제3의 물결 페미니즘을 1990~2000년까지로

● 교차성 페미니즘은 페미니스트 법학자 킴벌리 크렌쇼(Kimberle Crenshaw)가 주장한 용어로 억압체계가 서로 중첩되는 방식을 분석하기 위한 시각이다. 교차성 이론은 젠더가 어떻게 다른 구조적 위치, 예컨대 사회계급 및 인종과 연결되는지를 보여 준다. 흑인 노동계급 여성의 젠더 역할이 인종이나 사회계급에 대한 이해와 경험을 통해 구성된다는 것이 그 한 사례다. 이처럼 교차성 페미니즘은 젠더, 인종, 계급 외에도 섹슈얼리티, 민족, 이주상태, 장애 여부, 시민적 권리 같은 여러 차이와 억압이 교차적으로 여성에게 작용한다고 보고 권력과 지배가 작동하는 방식이나 구조를 설명하는 페미니즘 시각이다.

보고, 이후 최근의 페미니즘 운동은 제4의 물결 페미니즘이라 불린다고 말한다. 2010년대의 해시태그 미투 운동처럼, 전문직 영역에서 남녀의 권력 역학의 불균형을 살피며 성폭력과 성추행에 집중하는 것을 그 사례로 제시한다. 이는 직장에서 더 높은 수준의 평등을 보장할 방법을 모색하면서 보육 제공의 문제 및 남녀 모두에게 유연한 작업환경을 채택하려는 문제와 결합되어 있다고 본다.

정리하면 제1의 물결 페미니즘은 19세기에서 20세기 초 남성과 동등한 여성의 법적 평등이 이루어질 때까지 계약에 의한 권리와 시민권의 평등에 초점을 두고 '법과 제도'의 평등권 투쟁에 힘썼고, 제2의 물결 페미니즘은 1960년대부터 1980년대까지 주로 영미를 중심으로 남성과 다른 여성의 차이를 인정하고 여성이 처한 '현실의 삶'을 개선하는 노력에 주력했다. 제3의 물결 페미니즘은 여성 집단으로 묶일 수 없는 여성 개개인의 정체성, 인종이나 계급 같은 다양한 '교차적 요소'에 주목하며, 여성의 범주 자체를 질문하는 젠더 정체성 논의나 다른 소수자 혹은 퀴어와의 연대까지 논의를 본격적으로 확대한 것이 특징이다.

페미니즘의 큰 흐름을 본다는 의미에서, '물결' 대신 제1세대나 제2세대 페미니즘 등 '세대'로 바꾸어 불러도 크게 달라질 건 없을 듯하다. 다만 이 책에서는 페미니즘의 물결이 거대한 파도처럼 굽이쳐 흘러왔고, 지금도 굽이쳐 흐르고 있다는 의미에서 물결로 표현했다. 페미니즘을 이렇게 '물결'로 구분하는 것에 대해 우려하는 목소리도 있다. 제인 프리드먼은 《페미니즘》에서 이런 물결로 묶음으로써, 물결 내부와 물결과 물결 사이에 있는 여러 다양한 움직임을 담

아내지 못할 수도 있다고 지적한다. 하지만 바닷물이 휩쓸고 몰아치는 파도를 생각하면, 그것은 파고와 파저를 칼로 자르듯 구분할 수 없는 유연하고 유동적인 움직임이라서 세대나 단계보다는 물결에 좀 더 유연하다는 의미가 있다고 여겨진다. 시작하면서 말했지만 이런 모든 물결의 페미니즘은 인간 평등이라는 보편적 인본주의 사상에서 출발했고, 자유롭고 평등한 개인의 권리를 향해서 계속 진행 중인, 미완의 과제다. 페미니즘은 지금도 물결치고 있다.

여성도 동등한 권리를 원한다: 〈서프러제트〉

1물결 페미니즘은 18세기 서유럽에서 싹튼 계몽주의에 영향을 받았다. 계몽주의 사상은 인간은 모두 이성을 가진 평등한 존재라고 본다. 왕권신수설에 반대해 천부인권론이 등장한 배경이기도 하다. 즉 왕만 하늘이 내리는 것이 아니라 인간 모두가 신이 부여한 신성한 인권을 가지고 있다는 것이다. 고로, 인간은 모두 법 앞에서 평등하다.

하지만 문제는 여기서 말하는 '인간'이 실은 남성뿐이라는 점에 있다. 프랑스혁명이 일어났을 때 프랑스에는 세 개의 계급이 있었다. 전체의 2퍼센트에 불과한 제1신분과 제2신분이 절대 다수인 3신분을 경제적으로 착취하는 구조였는데, 제3신분은 신흥 부르주아 세력의 경제력을 바탕으로 서서히 그 구조를 바꾸어 갔다. 그 성과물 중 하나가 1789년의 〈인간과 시민의 권리 선언〉이다. 그런데 여기서의 '인간'에서 여성은 배제되어 있었다. 프랑스어에는 남성형, 여성형을 구별해 쓰는데 이 선언에 쓰인 '인간', '시민'이 모두 남성형이기 때문이다.

18세기의 저명한 프랑스 계몽사상가 장 자크 루소는 《에밀》(1762)에서 남녀의 교육이 달라야 한다고 주장했다. 청년기 남자인 에밀에게는 사회적 약자에 대한 공감과 연민 및 동정심을 가르치는 감정 교육, 우애에 바탕한 인간애나 인류애 교육을 해야 하지만, 여자이자 에밀의 아내감인 소피는 남자를 즐겁게 하거나 남자에게 유용하도록 혹은 사랑받도록 할 방법을 가르쳐야 한다는 것이다. 남자를 즐겁게 해주는 일이 여자의 천직이며, 순종과 겸양의 미덕을 기르고 가사를 알뜰히 정리하는 것이 여성 교육의 이상으로 제시된다. 단순하게 말하면, 여성을 교육시키는 목적은 여성 자신이 아니라 남성을 위해서라는 얘기다. 대표적인 계몽사상가도 이런 식이니 당시 분위기가 짐작된다.

이런 사회에 반발해 여성들이 요구한 것 중의 하나가 참정권이다. 19세기 초반까지도 영미의 여성들은 선거권이나 피선거권이 없었다. 주요 공직에 출마할 수 없을 뿐더러 공직자를 선출할 권한도 없었다. 결혼한 여성이 이혼할 권리나, 이혼한 후 자녀에 대한 양육권도 거의 전적으로 남편에게 맡겨져 있었다. 당시 여성의 법적 지위가 남성보다 얼마나 낮았는지 알 수 있다.

19세기의 여성들은 제대로 교육을 받지 못했고, 대부분 스무 살도 안 돼 결혼했다. 재산을 포함한 모든 권리를 남편이 가졌고, 아내에겐 아이에 대한 친권이나 양육권도 주어지지 않았다. 남성에게 결혼은 사회적 지위가 상승하는 것을 의미했다면, 여성에게는 하락을 뜻했다. 남편은 한 가정의 가장으로 인정받아 아내의 성적, 물질적 지원을 받으면서 집에서 일어나는 모든 일을 관리하고 책임질 권한이 있었고 아내는 남편의 뜻에 따라 무상의 노동력을 제공했다. 법이 그것을 보증했다.

그렇다면 문제는 법이다. 그래서 여성들은 법을 바꾸기 위해 움직였다. 하지만 그 길은 쉽지 않았다. 여성 참정권을 주장하는 사람들에게 사회는 냉대와 멸시, 구타와 감금 그리고 투옥과 낙인으로 단죄했다. 2016년 국내에서 개봉된 〈서프러제트〉는 당시 상황을 보여 주는 영화다. 여성 참정권이 확립되기 전, 사회적 냉대의 시선은 물론이고 신체적 구타와 투옥을 견디고, 때로는 목숨을 건 단식과 시위를 해가며 동등한 법적 권리를 추구한 여성들의 고단한 삶이 생생하게 그려진다.

〈서프러제트〉 줄거리 요약 (사라 가브론 감독, 2016)

영화 배경은 1912년 영국의 런던. 여성 참정권 운동과 이에 반대하는 보수 정치권의 대립이 한창이다. 이런 세상 속에서 20대 여성 노동자 모드 와츠는 글래스하우스 세탁공장에서 일하는 평범한 주부이자 엄마로 평온한 일상을 보낸다. 퇴근길에 여성 투표권을 주장하며 거리 투쟁을 하는 서프러제트들을 목격하지만 별 관심이 없다. 그런데 우연히 직장 동료를 도와주려다 서프러제트 활동에 가담하게 된다. 경찰에도 잡히고 투옥도 당한다. 투옥 이후 남편은 모드를 집에서 내쫓고 어린 아들도 만날 수 없게 한다. 달리 갈 데가 없는 모드는 여성사회정치연합WSPU에서 숙식을 함께하며 이 단체에서 본격적으로 활동하기 시작한다.

아들 생일에 선물을 들고 집을 찾은 모드는 남편이 자기 아들을 입양 보내는 현장을 목격한다. 혼자서는 키울 힘이 없다며 남편은 사랑하는 아이를 다른 집에 보내고 있었다. 버젓이 내 집이 있고 내가 아이의 엄마인데 모드는 집에도 갈 수도 없고, 아이를 키울 수도 없다. 이 일을 계기로 당시 여자에게는 당연한 권리조차 법적으로 보장되지 않는다는 것을 자각하게 된다. 모드는 여성 권리의 입법화가 절실함을 깨닫고 서프러제트 운동에 적극적으로 참여한다.

1913년 6월 에밀리 와일딩 데이비스가 여성 참정권을 요구하며 엡솜 더비 경마장에서 목숨을 걸고 말에 뛰어들 때 모드는 옆에 있었다. 평등한 법적 권리를 위한 여성의 생사 투쟁을 현장에서 본 것이다. 이런 여성들의 인생과 목숨을 건 투쟁 결과, 1918년 마침내 영국에서 여성 참정권이 입법화되고 이 사건은 점차 다른 나라의 입법화에도 영향을 끼친다.

서프러제트란 여성 참정권 옹호자를 말한다. 구체적으로는 20세기 초 영국에서 참정권 운동을 벌인 여성들을 지칭하는 말이다. 이들은 조소와 조롱 같은 사회적 낙인뿐 아니라 경찰과 검찰의 매질과 투옥이라는 물리적 처벌을 참아 내며 끈질기게 투쟁했다. 그리고 마침내 1918년 2월 국민투표법Representation of the People Act의 제정을 이루어 낸다. 물론 이 법은 한계를 갖고 있었다. 모든 성인 남성은 투표할 수 있던 반면, 여성의 경우엔 일정한 자격을 갖춘 30세 이상에게만 투표권을 부여했기 때문이다. 아직 완전히 평등한 참정권을 얻은 것은 아니었다. 하지만 프랑스혁명 후 인권 선언에서도 배제된 여성에게, 최초로 동등한 법적 권리를 주었다는 점에서 감격적인 순간이 아닐 수 없었다.

하지만 이런 성과는 거저 얻은 것이 아니다. 에멀린 팽크허스트 Emmeline Pankhurst를 중심으로 결성된 여성 참정권자들은 여성도 남성과 동등하게 정치에 참여할 기회를 달라며 끈질기게 주장했으나 번번이 묵살당했고, 이들은 냉대받고 구타당하거나 구속당했다. 당시 20세 이상의 여성은 대부분 기혼자였고 기혼 여성은 남편의 소유물이나 다름없었다. 누릴 수 있는 권리가 거의 없었기 때문이다. 남편들은 아내가 모임에 가담하거나 집회에 참여하는 것을 못마땅해했고 아내가 서프러제트라는 사실조차 알려지기를 꺼렸다. 검경역시 여성 참정권 요구가 사회적 이슈가 되지 않도록 철저히 차단했다. 이 때문에 왕이나 고위 정책 결정권자들은 서프러제트 운동이 치열하게 벌어지고 있다는 사실조차 잘 알지 못했다.

영화 〈서프러제트〉는 제목 그대로 20세기 초 서프러제트들의 당시 상황을 사실적으로 보여 준다. 사실 당시의 서프러제트는 '참정권을 주장하는 여자들'을 비하하는 말이었다. 일간지 《데일리 메일》이 여성사회정치연합을 언급할 때 이 단체에서 활동하는 여성들을 비꼬며 다소 경멸조로 표현한 데서 시작되었다.

여성사회정치연합은 시민 운동가 에멀린 팽크허스트가 1903년 만든 단체로 여성 참정권 입법화를 중심 의제로 활동했다. 이 단체는 초기에 집회와 선전 활동, 낙선 운동 등 합법적인 정치 운동을 벌였다. 그런데 평화적 운동으로는 정부의 호응이나 반응이 전혀 없자, 1908년부터 전투적 방식으로 노선을 변경했다. '말이 아닌 행동 Deed not Words'을 구호 아래 산발적으로 모여 돌멩이로 창문을 깨고 여기저기 폭탄을 터뜨리며 사회적 관심을 모았다. 이런 행위는 불법으로 간주되어 경찰에 잡히면 구속을 면치 못했다.

투옥된 여성들은 단식 투쟁을 벌이기도 했는데, 이 경우 경찰은 여성의 콧속에 가는 줄을 꽂아 강제로 음식을 공급했다. 만에 하나 희생자가 나오면 순교자로 추앙받을 수 있고 그러다가 여성 참정권 운동이 전국적으로 확산될지 모른다는 우려 때문이었다. 거리 시위로 투옥된 서프러제트는 자신들을 일반 잡범이 아닌 정치사범으로 분류해 달라고 요구했지만, 이 또한 사회적 이슈로 확산될 것을 두려워한 경찰은 그조차 거부했다.

영화 〈서프러제트〉에서 가장 극적인 사건은 옥스퍼드 대학에서 영문학을 전공한 에밀리 와일딩 데이비슨Emily Wilding Davison이 경마장에서 죽음을 각오하고 달리는 말 앞에 뛰어든 사건이다. 여성 참정권에 대한 보도가 원천 봉쇄되고 정치인들은 어떻게든 여성 참정권 문제를 회피하려고 했기 때문에, 이 문제를 이슈화할 사건이 필요했다. 1913년 6월 엡솜 더비 경마대회에서 에밀리는 "여성에게 투표권을!"이라고 외치며 달리는 왕의 경마 앞에 몸을 던졌다. 서프러제트 운동에 관심을 모으기 위해서였다.

당시 서른한 살이었던 에밀리는 사망했고, 왕 조지 5세의 기수와 말은 부상을 당했다. 경마는 세간의 관심거리였고 이 사건은 언론에 크게 보도되면서 그제서야 여성 참정권 문제가 사회적 이슈로 떠올랐다. 에밀리의 죽음은 그야말로 여성 참정권 운동의 기폭제가 되었다. 전국에서 수많은 동조자가 에밀리의 장례식에 참석했고, 이들의 함성은 마침내 여성 참정권을 획득하는 데 중요한 발판이 되었다.

그렇다고 여성 참정권 입법화가 곧바로 시행된 것은 아니었다. 1차 세계대전(1914~1918년)이 발발하자 팽크허스트는 전투적 투쟁을 중단하고, 그 대신 전쟁에 전력을 다할 것을 촉구했다. 전쟁 막바지인 1918년 2월 영국 의회는 4차 선거법 개정으로, 재산이 있는 남자와 결혼한 여성 중에서 30세 이상이라는 조건을 달아 제한적 여성 참정권을 허용했다. 당시 남자는 21세만 넘으면 투표할 수 있었다.

1928년에 이르러서야 여자도 21세만 넘으면 투표를 할 수 있게 되었다. 영국의 1차 선거법 개정이 1832년에 이루어졌다는 것을 생각해보면 5차 선거법 개정으로 여성이 남성과 같은 투표권을 손에 쥐게 되는 데는 100년가량의 시간이 더 소요된 셈이다. 영국에 이어 프랑스는 1944년 4월에 여성에게 투표권을 주었다. 1789년의 프랑스의 인권 선언 이후 150년이나 지난 시점이다. 그밖에 한국과 이탈리아는 1945년에, 중국과 인도는 1949년에, 그리고 사우디아라비아는 그로부터 반세기가 더 지난 2015년에 와서야 여성의 참정권을 인정했다.

▶ 내 딸도 나처럼 살 거라고?

아내와 자식이 남편의 소유로 여겨지고 아내의 결혼 전 재산까지 남편의 것으로 간주되던 시대에, 서프러제트의 여성 참정권 입법화 투쟁은 매우 도전적인 과제였다. 이 어려운 혁명적 투쟁의 주제를 부담스럽지 않게 접근할 수 있는 영화적 장치는 평범한 여성의 시각에서 일상을 조망한다는 점이다. 이 영화는 무엇보다 우선 서프러제트라는 역사적 사건 자체를 재조명했다는 점에서 의의가 있고, 다른 한편 주인공이 당대의 시민운동가 팽크허스트가 아니라, 평범한 20대 기혼 여성 모드 와츠라는 점에서 보편적 시각을 보여 준다는 의미가 있다. 실제 있었던 역사적 사건을 재부각하면서 운동의 중심에 있던 영웅이 아닌, 주변에 있던 일반인의 관점으로 당시의 시대상을 전한다는 점이 공감의 폭을 넓힌다. 우연히 서프러제트를 접하고, 점차 부조리한 사회에 눈을 떠 가는 그 시대의 보통 여자의 모습이 자연스럽게 나타난다.

1912년 런던. 여성에게 참정권을 주면 사회 구조가 붕괴될 거라고 말하는 공중파 매스컴의 보도가 배경 음향으로 깔리면서 〈서프러제트〉는 시작된다. 서프러제트가 이전보다 적극적인 투쟁 방식을 취하면서 폭력 시위와 집회까지 일삼자 서프러제트에 대한 남성의 시선은 더 차가워지고, 오랫동안 남성의 지배를 받아 온 보통 여성들도 반신반의하는 상황이다.

일곱 살 때부터 세탁공장 노동자였던 모드 와츠는 어린 아들을 둔 스물세 살의 젊은 세탁공장 근로자 여성이다. 여성 참정권 운동에 대해 특별한 관심이 없었던 그녀는, 우연히 동료 대신 성차별적 노동 현실에 대한 대정부 증언에 참여하게 된다. 얼결에 시위에 참여하고 감옥살이도 하지만 자신이 서프러제트라고 생각하지는 않는다. 하지만 이 문제에 대해 처음으로 진지하게 생각하게 되는 계기가 생긴다. 친구의 어린 딸이 세탁공장 관리자에게 성추행당하는 걸 목격했는데 이를 도울 방법이 없었던 것이다. 그녀 역시 과거에 같은 일을 겪었고, 만약 그녀에게 딸이 있었다면 또한 같은 상황을 피할 수 없었을 것이다.

어느 날 저녁 모드가 남편한테 우리에게 딸이 있다면 어떻게 될까 하고 묻자 남편은 심드렁하게 말한다. "당신처럼 살겠지." 그 순간 모드는 깨닫는다. 지금 내가 하지 않으면 아무것도 바뀌지 않으리라는 걸 말이다. 아동기부터 교육받는 대신 노동하고, 10대 무렵부터는 상습적 성폭력에 시달리고, 결혼한 뒤에도 부부의 관계는 불평등할 것이다. 온몸이 화상 흉터로 뒤덮이고 손가락이 굽을 정도로 힘들게 노동해도, 언제나 남자보다 임금은 적을 것이며, 제대로 된 교육을 받지 못해 좋은 직장을 얻지 못할 것이며, 감히 법을 바꿀 용기가 없어 남편과 세상의 기존 질서에 순응하며 살게 될 것이다. 그러므로 지금 내가 무언가를 하지 않는다면, 여자는 나뿐만 아니라 자식 세대까지 끝없이 굴러가는 기차 바퀴 아래 깔려 부서지고 무너질 것이다. 이후 모드는 자신을 서프러제트로 점차 정체화하고 여성 참정권 운동에 서서히 가담하게 된다.

팽크허스트도 직접 만나며 본격적 서프러제트 활동을 시작한 모드가 두 번째로 수감된 이후, 남편은 아내를 아예 집에서 쫓아내고 아들도 못 만나게 한다. 이런 상황에서 자신이 행사할 수 있는 법적인 권리가 아무것도 없다는 사실을 알게 된 모드는, 여성에게 왜 남성과 동등한 권리가 필요한지 체감하게 된다. 그저 참고 감내하는 착한 여자로 산다면 아무것도 개선할 수 없고 아무 권리도 부여받지 못한다.

▶ 법을 존중하길 바라나요? 그럼 존중할 만한 법부터 만드세요

영화에서는 남녀 임금 격차를 비롯해 당시 사회가 얼마나 남성 중심의 완고한 가부장제 사회였는지도 보여 준다. 모드의 엄마 역시 세탁공장 노동자였고 뜨거운 세탁통이 엎어지는 바람에 화상으로 죽었다. 화학 세제와 뜨거운 열을 다루는 세탁이나 다림질 같은 일은 여자가 하고, 남자는 주로 세탁된 옷을 외부로 배달하는 일을 한다. 그런데도 여자는 주당 13실링을 받고, 남자는 19실링을 받는다. 여자의 일이 3배 많고 훨씬 위험한데도 돈은 오히려 더 적게 받는 것이다. 남녀 임금 격차는 지금도 해결하지 못한 과제다.

20세기 초 영국에서는 여자의 교육에 전혀 관심이 없었다. 당시 대부분의 여성에게는 결혼 말고 선택지가 별로 없었다. 교육을 못 받으니 번듯한 직업을 가질 수 없고, 직업이 없으니 직업을 가진 남편에게 기대서 먹고살 수밖에 없던 것이다. 영화에서 가장 많이 교육받은 여성 인물은 의료인이자 약제사인 이디스 엘렌이다. 그녀의 아버지는 딸의 교육에 반대했지만, 어머니가 그에 맞서 평생 노동하며 교육비를 댄 덕분에 정규 교육을 받을 수 있었다. 이런 그녀도 가부장제에서 완전히 자유롭지는 못하다. 가게 간판에 남편의 성을 걸고 일하는 것만 봐도 그렇다.

보석금을 내는 장면도 당시의 가부장 사회를 여실히 보여 준다. 시위에 참여했다가 잡힐 경우 보석금을 내면 투옥을 면할 수 있었다. 그런데 보석금이 자그마치 2파운드다. 당시 보통의 노동자들 월급이 1파운드가 되지 않았으니 두 달 치 월급이 넘는 돈이다. 여성에겐 직업적 경제력이 없었지만, 상속받은 재산이 있다 해도 결혼 이후엔 그 재산권을 행사할 수 없었다. 한 부인이 보석금을 내러 온 남편에게 다른 여성 회원들의 보석금도 내 달라고 호소하지만 거절 당하는 장면이 있다. 부인은 내 돈인데 왜 당신 마음대로 결정하냐며 화를 내지만 그런들 아무 소용이 없다. 법이 그렇게 돼 있기 때문이다. 당시엔 결혼하면 결혼 전 여자의 재산도 남편 소유가 되었다.

> ▶ 법을 어기는 사람이라고요?
> 법을 만들려는 사람입니다

참정권, 양육권, 재산권 등은 인간의 보편적인 권리다. 그러나 당시 영국 여성에게는 없는 권리였다. 여성 참정권에 무관심하거나 무관심을 넘어 반대하는 남성 입법자들로부터 여성의 동등한 정치 권리를 획득할 방법은 이제 무력으로 저항하는 길뿐이다. "노예가 되느니 반란자가 되어라"는 서프러제트의 슬로건은 이런 맥락 위에 있다. 미국의 인종 차별법이나 제국주의 시대 식민지 차별법처럼 당시 여성을 차별하는 잘못된 법에 복종하는 것은 노예로 사는 삶을 받아들이는 것과 같다. 여성 참정권자들이 '말 대신 행동'을, '침묵 대신 행동'을 한 이유는 하나다. 그것만이 위정자 남성들의 주목을 받고, 여성 참정권의 중요성을 이해시킬 수 있는 유일한 방법이었기 때문이다.

평범한 모드의 경우도 마찬가지다. 모드는 열심히 일하고 가정도 살뜰히 꾸려 왔지만 서프러제트라는 이유로 남편에게 거부된 뒤 아들에 대한 어떤 권리도 행사할 수 없었다. 아들의 생일날 들뜬 마음에 선물을 들고 몰래 집에 찾아간 모드는 남편이 아들을 입양시키는 장면을 목도하고 아연실색한다. 혼자 아이를 키울 수 없고, 주변 부인들도 아이를 맡아 주지 않는다는 것이 남편의 이유였다. 아이 엄마가 버젓이 살아 있고 애타게 아이를 원하는데도 이해할 수 없는 일이 벌어지고 있었다. 울먹이며 남의 집으로 향하는 어린 아들을 눈앞에 보면서 엄마는 막을 방법도 권한도 없었다. 그것이 당시 영국의 법이었다.

이런 부당한 현실을 개선하려면 법을 바꾸는 수밖에 없었다. 1912년 팽크허스트는 입법부에 청원서를 제출하며 "우리가 이 자리에 선 이유는 법률의 파괴자이기 때문이 아니라, 입법자의 권리를 쟁취하기 위한 것"이라고 강력히 외쳤다. 영화의 배경인 1912년 이후에도 여성 참정권 운동은 계속되었고, 1918년에 30세 이상, 1928년에는 21세 이상의 모든 여성이 법적으로 투표권을 얻게 되었다.

2015년 사우디아라비아를 마지막으로 여성 참정권 문제는 해결된 것처럼 보인다. 하지만 아직도 이슬람 국가에서 여성은 제대로 교육받지 못하고 조혼을 강제당하고 있다. 2000년 넘게 전 세계에 영향을 미치고 있는 로마 가톨릭교의 수장이 여자였던 적도 없다. 교황 후보가 될 수 있는 추기경 중에도 여자는 없다. 여성 사제를 아예 인정하지 않기 때문이다. 교황을 선발하는 로마 바티칸 시국의 콘클라베에서 선거권자는 전원 남성이다. 추기경뿐 아니라 평신부 사제도 남자만 될 수 있다. 심지어 주교를 보좌하는 어린 시동인 복사조차 남자다. 그러나 최근 한국에서는 소녀 복사가 생겨나고 있으니 어쩌면 100년쯤 더 지나면 여자 신부, 여자 교황이 나올 수 있을지도 모르겠다.

이처럼 1물결 페미니즘은 남녀의 평등한 법적 권리를 중시했다. 그리고 그 과정은 고단하고 지난했다. 오랜 기간 많은 여성이 시위와 단식, 폭력과 투옥 등을 거쳐 힘겹게 얻어 낸 성과다. 물론 목숨을 잃은 여성도 많았다. 맨스 리그Men's League처럼 서프러제트에 동조한 남성 집단도 있긴 했다. 그들은 누구나 인권을 누려야 한다는 신념을 가진 이들이었다. 이렇게 1물결 세대는 남녀 모두 동등하게 법적인 권리를 누릴 수 있도록 애썼고, 힘겨운 투쟁 끝에 그 성과물 중 하나로 남녀 참정권을 얻어 냈다.

〈서프러제트〉는 제1의 물결 페미니즘이 진행된 당시의 시대 상황을 구체적으로 보여 준다. 앞서 말했듯 세 개의 물결이라는 관점에서 페미니즘을 본다면 제1의 물결은 19~20세기 초 동등한 투표권을 위한 정치 캠페인이었고 〈서프러제트〉는 영국에서 참정권 운동이 일어나던 시기의 정치 운동 상황을, 한 평범한 노동자 가정을 통해 보여 준다. 다음 절에서는 1960년대에 시작해서 대체로 백인 중산층 여성을 중심으로 여성의 현실적 권리 개선에 주력한 제2의 물결 페미니즘을 다룰 것이다. 그리고 이어서 1990년대에 시작된 제3의 물결 페미니즘 논의로 이어가면서 여러 교차적 억압 요소에 놓인 다양한 여성 권리의 추구도 살펴볼 것이다. 〈서프러제트〉는 이 모든 물결의 출발점이 된 법적이고 제도적인 여성의 평등한 권리를 얻기 위한 현실의 투쟁을 보여 준다.

시대마다 페미니즘 물결의 모양새는 달랐다. 하지만 그 물결들은 하나를 향해 굽이쳤다. 그것은 바로 성차별 없는 '평등한 세상'이었다. 〈서프러제트〉는 그 길을 향한 첫걸음이었다. 이 모든 물결 속의 페미니즘이 공통적으로 주장한 것은, 삶 속에서 모든 인간이 평등하기 위해 필요한 여성의 역량 강화였다. 시대마다 물결의 모양새는 차이가 있었지만 모든 물결은 하나로 굽이쳐 흘렀다. 성차별 없는 '평등한 세상'이라는 바다로 향한다는 점에서 말이다. 〈서프러제트〉는 그 첫 번째 단계에서 여성이 평등한 정치 참여권 획득에 도전하고 또 성취해 낸 이야기이다.

삶의 결정권은 나 자신에게 있다: 〈시카고〉

일단 남녀의 법적 차별 문제가 해결되자 이제는 법으로 해결되지 않는 실생활의 차별을 개선하려는 노력이 이어졌다. 실생활에서의 차별은 여성이라는 성별 외에도 계급이나 인종, 성적 지향성 등의 영향을 받았다. 평등의 페미니즘은 하나의 인간을 보편 주체로 정하고 여성도 똑같은 인간이라는 '동일성'의 관점에서 접근했지만, 이제는 여성은 남성과 다르며 여성 내부에도 다양한 '차이'가 있다고 주장하기 시작했다. 마들렌 펠레티어Madeleine Pelletier는 여성은 하나의 성이기 이전에 개인이라고 선언했다. 평등의 동질성을 거부하고 차이의 집단, 더 나아가 여러 차이를 가진 작은 집단들 속의 개개인을 표방한 것이다. 이제 중요한 것은 인간이라는 동질성이 아니라, 여성이라는 차이이며, 여성 내부에 있는 여성 개개인의 다양한 차이가 된다.

제1의 물결 페미니즘의 힘겨운 노력으로 대체로 영미권의 선진국에서는 어느 정도 여성 투표권이 실현되었다. 국가가 남녀의 차이를 없애고 여성을 보편 시민으로 받아들이겠다고 여성을 수용한 것이다. 여성들은 여기서 더 나아가 이제는 법으로 해결되지 않는 실제 개인의 삶 속에서 평등이 실현되게 하려고 움직이기 시작했다. 그러기 위해서는 여성이나 여성성에 대한 긍정적인 재평가도 필요했고 현실적으로 여성 내부에 있는 여러 차이에 대해서도 고려해야 했다. 여성의 성 욕망, 임신과 낙태라는 몸의 자기 결정권 외에도,

사회나 가정에서의 주도권과 영향력의 문제에 관심을 가졌다.

1960년대는 미국과 유럽에서 학생들이 기성세대의 억압에 대항해 들고 일어나, 각종 권위에 대한 저항의 물결이 퍼져가던 시기였다. 1968년 5월 프랑스 파리에서는 프랑스의 베트남 전쟁 참전 비판을 시작으로 해서 프랑스 전역의 대학생 시위와 천만 노동자의 파업이 동반된 전례 없던 반체제, 반문화 운동이 있었다. 68혁명은 5월 혁명이라고도 불리며, 드골 정부의 실정을 비판하고 사회 모순에 저항한 대규모 운동이다. 이 운동은 기존 가치와 질서, 그리고 권위에 도전하며 자유를 외치는 목소리로 사회 공기를 바꾸어 놓았다. 또한 엄청난 반향을 일으키며 권위 불복종, 남녀평등, 여성 해방, 학교와 직장의 평등, 미국의 반전, 히피 운동 등 사회 전반의 문제로 확대되었다.

여성들도 이런 분위기에 영향을 받아 각종 여성 단체, 여성 서점, 여성 카페를 만들며 여성들끼리 경험을 나눌 장을 마련해 나갔다. 여성들은 서로의 경험을 나눌 기회를 가지면서 여러 안건을 도출해 냈다. 낙태권을 비롯해 여성이 자기 몸에 대해 스스로 결정할 권리, 성폭력과 가정 폭력 문제의 해결법, 자녀 양육이나 노부모 돌봄 같은 가사노동의 분담 등에 관해 목소리를 모았다. 강간을 당했거나 강제로 임신중절을 당한 여성, 가사노동을 하지 않는 남편을 둔 아내, 남성 고객에게 애교를 종용하는 상사를 둔 비서, 성관계를 하면 학점을 잘 주겠다고 약속하는 교수를 둔 여학생들이 모여 경험을 공유했다.

우선 자기 몸에 대한 결정권 부분에서는 낙태권이 중요한 이슈로 떠올랐다. 1973년 미국에서는 낙태를 허용한다는 판결이 나왔다. 슐라미스 파이어스톤Shulamith Firestone은 《성의 변증법》에서 생물학적인 가족의 굴레에서 벗어날 길을 제시했으며, 인공생식을 통해 여성만의 위험 부담이자 고된 노동인 임신과 출산, 그리고 육아에서 여성이 해방될 새로운 세계를 그려 내 화제가 되었다. 가정 폭력 면에서는 부부간 강간을 금지하기 위한 노력이 있었고, 가정 폭력을 피해 집을 떠난 여성들을 수용해 온 민간 기관과 상담센터가 점차 국가에 의해 운영되거나 공적인 재정 지원을 받게 되는 성과도 얻었다. 한편 여성들은 가사노동과 돌봄노동도 직장에서 하는 노동과 대등하다고 주장했다. 아울러 여성 노동을 남성 노동 아래 두는, 노동의 성별 위계화에 반대했고, 결혼과 출산 후 직장에 다니는 여성의 이중 삼중의 노동에도 주목했다.

제2의 물결 페미니즘에는 우선 남성과 다른 여성을 인정하며 '가부장제'야말로 여성을 억압하는 가장 근본적인 억압구조라는 기본 인식이 있다. 또한 교육을 통해 남자와 같아지려던 과거의 노력과는 달리 여성의 성차를 인정하고 현실의 젠더 위계를 개선하고자 했다. 가부장제의 근본적 개혁을 추구하는 급진주의 페미니즘, 혹은 래디컬 페미니즘은 가부장적 체계 안에서는 여성의 진정한 젠더 평등이나 성 평등이 불가능하다고 생각했다. 이 체계는 억압적인 가부장적 규범, 가정, 제도로 가득하므로 진정한 해방의 개혁은 남성 우월주의를 제거하는 '급진적 질서 재편'을 통해서만 가능하다고 보았다. '레드스타킹즈', '더페미니스트', '뉴욕급진여성NYRF', '뉴욕페미니스트' 같은 단체를 결성한 제2의 물결 급진주의 페미니스트들은, 근본적 구조를 변혁하려는 혁명성이 강했고, 현실의 여성 문제에 직면하기 위해 '개인적인 것이 정치적인 것이다'라는 슬로건을 표방했다.

이들은 모든 이성적 인간의 자유로운 평등이라는 계몽사상과 자유주의의 온건한 이상적 개혁 대신, 여성이 진짜 정치적 권력을 얻을 현실의 혁명적 방법을 모색했다. 뉴욕급진여성 단체는 1968년 미스 아메리카 미인대회를 '가축 경매'라고 부르며 체형 보정용 여성 속옷과 《플레이보이》잡지를 쓰레기통에 버리기도 했고, 레드스타킹즈는 임신 중단권 문제에 대해 공공장소에서 공론화하고 거리 연극 공연을 펼쳤다. 여성은 소집단으로 모여 여성으로서의 개인적 경험을 공유하고 다양한 배경의 여성들이 폭넓게 공유하던 경험을 알게 되었다. 급진주의 페미니즘은 여성의 성 생활과 재생산 활동, 여성의 자아 정체성, 자존감, 자아 존중감에 대한 남성의 통제가 모든 억압 중 가장 근본적이라고 주장했다.

조린 프리먼Joreen Freeman은 여성에게 다정한 소녀 대신 양성성을 가져야 한다고 주장했다. 간접적이고 미묘하며 신비로운 여성성만 가질 것이 아니라 남성성도 가져, 여성도 떠들썩하고 직설적이며 거만하고 때로는 자기중심적이 될 것을 주장했다. 게일 루빈Gayle Rubin은 가부장제의 '섹스-젠더 체계'란 한 사회가 생물학적 성을 인간 활동의 산물로 변형할 때 작용하는 조치이므로, '자연스러움이라는 정상성'에 이의를 제기하고 모든 젠더 범주를 유동적인 것으로 보아야 한다고 선언했다. 케이트 밀렛은 남녀의 모든 성적 관계를 권력의 패러다임으로 파악했다. 가부장제 이데올로기는 여성에게 순종적, 남성에게 지배적 역할을 하게 한다고 주장했고, 그 대안으로 남자에게만 유리한 성적 이중기준을 제거하고 아버지도 양육에 참여하는 이원적 부모 역할 체제가 필요하다고 보았다. '성 계급'이라는 용어를 썼던 슐라미스 파이어스톤도 여성 예속과 남성 지배의 성적 정치적 이데올로기를 위한 물적 토대는 남녀의 생식 역할에 뿌리박고 있다는 데 동의했지만, 좀 더 급진적으로 나아가 사회적이고 생물학적인 혁명이 필요하다고 보았다. 인공적(자궁외) 재생산과 의도적 가족이, 자연적(자궁내) 재생산과 생물학적 가족을 대체해야 한다고 생각한 것이다.

두 번째로 제2의 물결 페미니즘은 여성 내부의 다양한 차이에도 주목했다. 인종, 계급, 섹슈얼리티 등에 따라 여성들의 삶이 서로 많이 다르다는 것을 자각한 것이다. 제1의 물결 페미니즘이 주로 백인 중산층 배운 여성들의 삶에 집중했다면, 제2의 물결 페미니즘은 저소득층, 노동자, 유색 인종, 비주류 소수자 여성의 권익 옹호까지 의제를 확대하고자 힘썼다. 또한 레즈비어니즘이나 성 소수자와 여성의 연대를 보여 주기 시작했다.

그에 따라 제2의 물결 페미니즘 일부는 가부장적인 결혼제도에 반대하면서 여성의 정치적 연대나 레즈비어니즘을 주장하기도 했다. 프랑스 작가 모니크 위티그Monique Wittig는 "레즈비언은 여성이 아니다"라고 주장했다. 레즈비언이야말로 이성애 중심적 여성을 벗어날 가능성이라 보고 가부장제가 아닌 새로운 여성 연대를 강조한 것이다. 미국 문화학자 에이드리언 리치Adrienne Rich는 여자가 남자와의 관계에서만 만족을 느낀다는 생각은 잘못되었다고 지적했다. 강제적 이성애주의를 벗어날 대안으로 '레즈비언 연속체'를 논의하면서 이성애는 자연적인 것이 아니라 '문화적 구성물'이며 따라서 선택 사항의 하나일 뿐이라고 주장했다. 남녀간 성애적 만족은 사회가 이성애를 강요한 데서 오는 착시 현상에 불과하다.

한편, 1960년대에는 스톤월 항쟁으로 대표되는 성소수자 운동도 시작되었다. 1969년 6월 뉴욕 그리니치 빌 크리스토퍼 가의 술집 스톤월 인에 경찰이 들이닥쳤다. 이 술집은 중산층 게이와 레즈비언을 위한 술집에서 배제당한 사람들, 즉 트랜스젠더, 드랙 퀸(여장 남성), 유색 인종, LGBTQI●, 성매매 노동자, 노숙자들이 주로 사교 활동을 하던 곳이었다. 경찰의 폭력적인 단속에 사람들이 반발하면서 들고 일어났다. 스톤월 항쟁 이후 남녀 이분법에 맞지 않는 사람은 '퀴어'●●로 개념화됐고, 이제 퀴어는 단순히 게이와 레즈비언을 명명하는 것이 아닌 성 정체성을 의미하게 되었다.

이처럼 제2의 물결 페미니즘은 법과 제도로 개선되지 않는 현실 속에서 여성 주체의 위상을 높이고 여성 역량을 강화하고자 했다. 다양한 여성의 목소리를 듣고 하나의 세력으로 뭉치기도 했고, 여성 내부의 차이와 다양성을 넘어 여성과 남성의 접경에 있는 퀴어까지 포함하면서 운동 범위를 확장하기도 했다. 제2의 물결 페미니즘

● 레즈비언, 게이, 바이섹슈얼, 트랜스젠더, 퀴어, 인터섹스를 포함하는 말로 비규범적 섹슈얼리티를 통칭한다.

●● 사전적 의미는 이상한, 미친, 색다른 사람이라는 의미로 규범에 맞지 않는다는 뜻이다. 처음에는 비 이성애자를 낮추어보는 비하적 의미였지만 나중에는 기존 질서와 다른 새로운 모든 다양한 주체성을 뜻하는 긍정적 의미로 확대되었다. 남녀 간의 이성애를 기준으로 볼 때 정상적 혹은 규범적 기준으로 규정될 수 없는 모든 주체를 통칭한다.

의 주요 특징은, 여성이 도달해야 할 이상으로서의 보편자나 동일자로 가정된 남성을 더이상 추구하지 않는다는 점이다. 여성은 남성과 다른 존재이고 성특화된 특성을 가진다는 의미에서 '성차'를 인정한다. 또한 남성과는 다른 여성적 특징과 긍정적인 여성의 가치를 재조명하며, 오랫동안 유지되어 온 남성 중심적인 제도와 체제 속에서 현실의 여성이 맞는 문제들을 극복할 여성 역량 강화의 현실적이고 혁명적인 대안을 추구한다.

〈시카고〉 줄거리 요약 (롭 마셜 감독, 2003)

1920년대 미국의 시카고, 경기 호황과 불법 마피아가 판치던 향락과 환락의 재즈 시대 물결 속에 화려한 스포트라이트 무대의 보드빌 배우와 인기 스타를 꿈꾸는 록시 하트는 결혼 후에도 꿈을 접지 못하고 자신의 성공을 도와줄 직업적 발판으로 애인을 둔다. 그런데 그 애인이 오히려 자신의 몸만 이용했다는 것을 알고 감정의 격돌 속에 우발적 살인을 저지른 뒤 쿡 카운티 교도소에 수감된다. 이 교도소에는 비슷한 사연을 갖고 남편이나 연인을 살해한 여죄수들이 수감되어 있고, 그중엔 평소에 동경해 온 시카고 최고의 매혹적 디바 벨마도 있다.

동생과 남편을 살해한 죄로 수감된 벨마는 백퍼센트 승률을 자랑하는 변호사 빌리를 이용해 무죄 석방을 계획하는데, 록시도 이런

사실을 알게 되면서 점차 현실에 눈떠 간다. 진실은 중요하지 않고, 돈이면 모든 게 가능하고, 대중의 인기만 얻으면 설령 살인을 해도 무죄방면이 될 수 있다는 당시의 현실을 깨닫게 된 것이다. 록시는 외모와 인기, 선정적 언론을 이용해 빌리와 법정을 쇼 비즈니스의 무대로 바꾸고 최종적으로 무죄를 선고받는다. 무죄 선고의 법정 이후 자신의 꿈을 이해하지 못하는 남편보다 쇼 무대를 선택하고, 벨마와 '킬러 출신 듀엣' 공연으로 성공하여 경제적으로 독립된 삶과 자기실현의 꿈을 이루어 간다.

영화 〈시카고〉(2003)의 배경은 1920년대 범죄 도시 시카고. 미국의 1920년대는 술과 향락, 그리고 재즈 음악이 넘쳐흘러 '재즈 에이지'라고 불린다. 1920년 1월 금주법이 시행되었으나 역설적이게도 이 시기에 역사적으로 술 판매량이 가장 많았다. 마피아 같은 갱단에서 밀주를 만들어 팔았고 무허가 술집도 난립했다. 이런 술집에서는 밤새 재즈 공연을 했다. 당시 유명한 재즈 연주자에는 루이 암스트롱도 있다.

갱단이 급성장하다 보니 그들 간에 총격과 살인 사건도 연일 끊이지 않았다. 조직 폭력배들은 수많은 살인을 저지르고도 버젓이 나다녔고, 언론은 치정 사건 같은 좀 더 선정적이고 자극적인 기삿거리를 찾아다녔다. 법이 통제력을 잃은 무법천지에서 착한 사람은 드물었고, 있어도 하찮게 취급받기 일쑤였다. 누구에게든 윤리나 도덕을 기대하기란 어려웠다.

쿡 카운티 교도소에 살인 혐의로 수감된 여섯 명의 여죄수. 이들의 사연도 시대 상황에서 크게 벗어나지 않는다. 남편이 여동생과 불륜을 저질러서, 미혼이라 믿고 동거했던 남자에게 여섯 명의 아내가 있어서, 그저 남자가 자기 말을 무시하며 풍선껌이나 씹고 팡팡 터뜨려서, 의처증이 과하거나 예술을 빙자한 호색한에게 염증이 나서 등등 조금씩 사연은 다르다. 그렇지만 공통점이 있다. 이들 중 누구도 양심의 가책을 느끼지 않는다는 것이다. 그녀들은 모두 생각한다. 그놈들은 죽어도 싸다. 살인을 한 건 사실이지만 나쁜 사람을 단죄했으니 나는 무죄다. 세상이 악한 것이지 내 탓이 아니다.

〈시카고〉에 나오는 1920년대 미국의 상황은 〈서프러제트〉의 배경이 되는 1910년대 영국과는 사뭇 다르다. 미국에서는 주마다 다르긴 해도 19세기 말과 20세기 초에 걸쳐서 여성 참정권을 점진적으로 인정했고, 1920년 미국 수정헌법 제19조의 통과로 전체적으로 어느 정도 확립되었다. 수정헌법 19조에서, 미국 시민은 어떠한 주에서도 성별이 다르다는 이유로 선거권이 부정되거나 제한되지 않는다고 명시했기 때문이다.

비록 참정권은 얻었어도 현실에서 여성의 삶은 크게 달라지지 않았다. 여전히 남자 혹은 남편에게 의존하는 삶을 살았고 안정된 직업을 얻기 어려웠다. 그러다가 1차 대전 동안 전쟁에 몰두해있던 남자들 대신 여자들이 사회 여러 직종의 빈자리를 메우면서, 여자도 가정 외의 일터에서 임금노동을 할 수 있다는 사실을 알게 되었다. 하지만 전쟁이 끝나고 남자들이 돌아오자, 여자들은 다시 가정으로 돌아가 가사와 양육에 얽매여야 했다. 일부는 과거의 현모양처로 돌아가고자 했지만, 일부는 여성도 일을 갖고 경제적으로 독립해야 한다고 주장했다. 경제적 풍요 속에서 소비는 증가했고, 개인의 힘은 곧 경제력을 의미했다.

이 시기에 '신여성New women'이란 말이 등장했다. 신여성은 플래퍼Flapper라고도 불렸다. 이전의 여성들이 긴 머리를 하고 발목까지 오는 긴 치마를 입었다면, 신여성들은 짧은 단발 보브 헤어에 무릎까지 오는 짧은 치마를 입었다. 거기에 짙고 과감한 화장을 하고, 남성들이 주로 드나들던 클럽이나 바에서 술과 재즈를 즐겼다. 자유분방하고 독립적인 이 여성들은 성에 관해서도 개방적인 태도를 보였다. 새로운 헤어스타일과 독특한 패션 스타일은 플래퍼 스타일, 보이시 스타일, 가르손느 스타일로도 불렸다. 가르손느garçonne는 프랑스어로 소년의 여성형에 해당하는 것으로서 '소년 같은 여자'를 의미했다.

〈시카고〉에서 록시 하트는 이런 신여성의 상징이다. 웨이브를 넣은 금발의 단발머리나 유행을 이끄는 패션, 반지와 목걸이 등의 장신구, 혹은 가터처럼 섹시한 속옷은 당시 여성들에게 민감한 유행 아이템이었다. 변호사 빌리에게 지불할 수임료가 모자라자, 록시는 유명세를 이용해 화장품에서 소도구에 이르는 자신의 물품을 경매로 비싸게 팔아 차액을 메운다. 간수마저 록시의 헤어스타일을 따라 할 지경이다. 돈만 내면 미용 도구뿐 아니라 염색약까지 감방으로 들일 수 있는 자유로운 시대적 분위기가 따라 준 덕분이다.

벨마와 록시는 둘 다 살인 후 무죄 판결을 받은 백인 여성이다.

이들은 '가정의 천사'가 되기보다는 '무대 위 스타'가 되고 싶었다. 한 남자의 아내로 가정에 안주하기보다는, 무대 위에서 뭇사람의 인기를 누리며 춤추고 노래하는 보드빌 배우나 쇼걸 댄서가 행복했다. 벨마와 록시는 처음에는 서로를 좋아하지 않았지만 둘 다 무대에서 스타가 되어 경제적 독립을 욕망하면서 연대하게 된다. 가정 말고도 살아갈 수 있는 대안적 삶의 양식을 여성에게 제시한 것이다.

▶ 집안의 천사보다는 무대 위 스타가 되고 싶어

신여성의 모습에서 볼 수 있듯이 1920년대 여성의 권리는 이전 시대보다 훨씬 많이 개선되었다. 〈서프러제트〉에서 보던 고된 노동과 흉터로 얼룩진 여성의 몸이, 〈시카고〉에 와서는 화려한 무대의상을 입고 현란한 춤과 노래로 관객을 유혹하는 모습으로 바뀌었다. 가난과 피로로 얼룩진 얼굴 대신, 화장과 트렌디한 패션스타일로 꾸며진 모습이다. 남녀평등이라는 평등한 인권 의식보다는, 경제 성장에서 비롯된 물질적 풍요가 매혹적인 여성성을 구현할 수 있게 만들어 준 덕분이다.

법적 문제가 해결된 세상에서 그다음 중요한 것은 생활 속의 실제 평등이다. 법이 동등한 정치적 권리를 보장한다면, 생활의 평등한 경제적 권리를 보장하는 것은 직업이다. 좋은 직업에 대한 공정한 기회와 평등한 접근권은 남녀 모두에게 좋은 삶의 시작일 수 있다. 하지만 1920년대 당시 미국 여성은 참정권은 얻었어도, 사회에서 좋은 직업을 가질 기회는 적었다. 설령 직업이 있다고 해도 결혼 이후에는 유지하기가 힘들었다. 여전히 가정에서는 남편을 뒷바라지하고 가사와 육아를 도맡아야 했기 때문이다. 직업을 유지하는 것은 독신일 때나 가능했으므로 당시 직업이 있는 여성은 대부분 독신이었다.

한편 경제 상황이 좋아지자 문화나 여가를 즐기는 사람들이 늘어나 대중문화가 꽃피었다. 영화는 대중 엔터테인먼트가 되었고, 수백만 달러의 산업이 되었다. 4000석이 넘는 거대한 극장도 지어졌다. 처음에는 무성 영화로 시작했지만 1927년에는 유성 영화도 발표되었다. 할리우드는 영화 제작의 중심지로 떠올랐다. 라디오도 호황을 이루었다. 1921년 허가받은 방송국은 하나뿐이었지만 곧 500개를 넘어섰다. 1926년 전미 광고회사 NBC(National Broadcasting Company)가 설립되었고 3년 안에 1억 5천만 달러를 광고로 벌어들였다. 1920년대는 대중문화의 부흥기였다.

대중문화가 확산되면서 젊은이들에게 변화가 일어났다. 젊은이들은 흡연과 춤을 즐겼고 칵테일 파티도 곳곳에서 열었다. 립스틱을 바르고, 짧은 치마를 입고 하이힐을 신은 신여성들이 거리를 돌아다녔다. 주말에 교회 예배에 참석하는 비율은 떨어진 반면, 이혼율은 증가했다. 일부 사람들은 자유방임과 성적 방종이 과하다고 느꼈지만, 젊은 여성들은 더 많은 자유와 더 큰 독립성을 원했고 얻고자 노력했다. 원한다면 결혼하지 않고도 살 수 있었다. 경제적으로 독립한 여성의 주체적 삶은 결혼한 여자보다 훨씬 자유로워 보였다.

이때 여성이 선택할 수 있는 방향은 두 가지였다. 한편에는 이런 신여성을 지지하는 부류가 있었고, 다른 한편에선 품위 있는 결혼 생활을 추구하는 부류가 있었다. 결혼보다 직업을 택한 싱글의 자유로운 영혼이 있는가 하면, 전통적인 여성의 신비를 주장하며 가정을 중시하는 집안의 천사도 있었다.

전반적 분위기는 점차 영화, 유행가, 잡지를 통해 새로운 유행 스타일과 자유를 부추겼고, 이는 패션 산업의 성장으로 이어져 소비를 조장했다. 이전보다 고등학교와 대학교에 진학하는 여성이 늘어나면서 직장에 다니는 여성도 증가했다. 무역 업무나 타이핑, 비서 교육이 생겨났고 고위 전문직까지는 아니어도 사무직 일자리가 점차 생겼다.

여성의 자유와 독립이 확대되긴 했으나 신여성의 삶에 제한이 없는 것은 아니었다. 여성에게 열린 고용 시장은 단순 사무직이나 비서에 제한되어 안정된 전문직을 갖기는 어려웠다. 임금 차별이나 승진 차별도 피할 수 없었고, 그나마 결혼하면 대부분 직장을 그만두었다. 그러니 단기간 비숙련 저임금 노동을 하느니 좋은 집안의 남자와 결혼하는 게 더 남는 장사라고 생각하는 사람도 있었다. 사회에서 여성의 자리는 계속 변하는 중이었지만 여전히 가장은 남자였고 공공 분야와 고위 공직에서도 남성이 우위를 차지하고 있었다.

〈시카고〉에서도 직업적 위계가 나타난다. 변호사 빌리 플린은 한 건 수임료로 5000불을 받지만, 자동차 정비공 록시의 남편은 수임료를 내기 위해 저축을 털고 가능한 빚을 끌어 모아봤자 2000불가량을 구할 수 있었다. 변호사나 정비공보다 댄서의 수입은 더 불안정했다. 당대의 스타 벨마 켈리도 인기가 높을 때에는 일주일에

1000불을 벌 수 있었지만, 아무도 거들떠보지 않을 때의 코러스로 서는 당장 주당 몇백 불, 아니 몇십 불을 벌기도 어렵다. 물론 가정 주부일 때 록시는 단 한 푼도 벌지 못했다. 변호사와 정비공, 보드 빌 가수, 전업주부라는 영화 속 직업은 성별로 나뉘기도 하지만 사 실 교육이나 소득 정도로 분류된다. 법대를 나와 제도권 교육을 마 친 사람은 좀 더 고소득의 전문직을 택할 수 있고, 그런 기회는 남성 에게 더 많았다.

그러다 보니 한편으로는 보수적인 부유층의 여성 중 상당수는 여전히 결혼해 전업주부가 되는 것을 당연한 현실로 받아들였다. 각 종 가전제품이 출시되면서, 가정에서 지루하고 단조로운 가사노동 의 노고를 줄일 수 있게 되었다. 그로 인해 여가 시간이 생긴 주부들 은 보수적인 가치를 유지하면서 일부 서적이나 잡지에서 말하는 '품 위 있는' 여성의 표준이 되고자 노력했다. 베티 프리단이 말한 '여성 의 신비'를 유지하는 것이다.

벨마와 록시가 택한 것은 가정보다는 직업이었고, 원한 것은 고 소득 전문직보다는 여성적 춤으로 자신을 표현하는 무대 위 댄서였 다. 직업은 경제적 독립을 의미할 뿐 아니라, 자기 몸에 대한 결정권 과 자기 삶의 주체성을 스스로 갖는 것을 의미한다. 이들은 안락한 가정의 요조숙녀나 집안의 천사가 되기보다는, 음모와 술수가 판치 는 쇼 비즈니스 업계에서 경쟁적 사업가이자 무대 위의 스타가 되고 자 한다. 자신이 번 돈으로 자기가 원하는 곳에 쓰고 싶지, 누군가에 게 경제적으로 종속되기를 원치 않는다. 그래서 성적인 욕망도 경제 적 욕구도 모두 자신의 뜻대로 분출하려 한다.

▶ 여자의 욕망과 여성 공동체

언뜻 보기에 〈시카고〉는 페미니즘 영화라기보다는 당시 여자의 '욕망'에 관한 영화다. 하지만 페미니즘과 여자의 욕망은 연결되어 있기도 하다. 전통적인 성 역할 규범이나 과거의 고정관념에 얽매이지 않고 자신이 원하는 바를 추구하는 여성이 페미니스트이기 때문이다. 벨마와 록시는 고등 교육을 받은 지식인도 아니고, 여성의 직업이나 교육 기회를 확대하라고 국회나 정당에서 투쟁하는 사람도 아니다. 그저 자신의 모습대로 자신이 원하는 대로 살고 싶은 개인일 뿐이다.

그러려면 우선 깨 버려야 할 것이 있다. 과거의 전통과 규범이다. 불륜을 저질렀거나 거짓말을 한다고 해서 사람을 쏘아 죽이는 것이 정당하다는 말이 아니다. 다만 불법과 마약과 조직 폭력배가 넘쳐나던, 그래서 매일 총격 살인이 벌어져도 그저 그런가 보다 하던 1920년대의 시카고에서, 자기 자신을 찾는다는 게 어떤 의미일까를 생각해 보자는 것이다. 전통적 규범이 느슨해진 불법 천지의 세상에서 여성의 독립적 사고와 실천은 시작된다. 스스로 벌어먹고 살 수 있는 능력이 있을 때 남자든 여자든 비로소 독립도 가능하다.

록시와 벨마는 살인 전력이 있는 이인조 백인 여성 댄서다. 그들은 선악의 규범보다는 여론몰이가 중요했던 1920년대 미국 재즈 에이지에 법을 이용하고 인기를 활용해 무죄 선고를 받고 연대한 경제 공동체다. 이들은 살인 전과와 결혼 이력이 있는 백인 여성으로 무대 위 스포트라이트를 받는 댄서가 되려는 욕망의 면에서는 유사하지만, 그 과정은 서로 다르다. 벨마는 한 시대를 주름잡은 보드빌 스타였다가 인기가 추락한 후 재기하지 못해 방황하는 한물 간 코러스가 되었고, 록시는 정비공의 아내로 그저 무대의 꿈만 꾸던 신참내기였다가 살인 사건 후 오히려 인기를 얻기 시작한 신참내기 댄서다. 벨마는 경제적으로 이미 자립하고 성공한 후 몰락을 맛본 여성이지만, 록시는 결혼 후 경제적으로 남편에게 의존했다가 경제적 자립을 이제 시작하는 여성이다. 벨마는 직업과 가정을 모두 이루려다 남편의 불륜으로 가정이 깨졌지만, 록시는 자신의 꿈을 위해 남편의 재결합 제안을 거절하고 스스로 가정을 깨뜨렸다. 둘은 이런 차이가 있지만 서로 연대하며, 그 여성 연대 속에 상호 성장하고 발전한다.

법적 평등을 추구하던 페미니즘은 이제 개인의 삶과 그 삶의 동력인 욕망에 귀 기울이게 된다. 개인으로서 자신을 자각하고 자기 목소리를 내기 시작한 것이 제2의 물결 페미니즘의 특징 중 하나라면 여성이 자존적 독립과 경제적 역량 강화를 추구한다는 점에서 이 영화는 페미니즘적이다. 여성들은 자신이 원하는 대로 살기 위해서는 무엇보다 경제적 독립이 필요하고, 그러자면 직업이 있어야 하고, 그 직업이 안정적인 것이 되기 위해서는 여성들끼리 연대해야 한다. 벨마와 록시는 경제적인 이유로 서로 손을 잡는다. 이들은 향락과 환락의 재즈 시대가 원하는 가십과 춤과 노래를 축으로 경제적으로 연대했고, 전통적 가족 구조에 안주하지 않는 새로운 공동체를 모색했다. 행동하는 여성 연대, 정치적 레즈비언 연속체, 혹은 대안적 여성 공동체를 보여 주었다고 할 수 있다.

함께 보면 좋은 영화

〈디 아워즈〉(스티븐 달드리 감독, 2002)

〈피고인〉(톰 토퍼 감독, 1988)

나는 나다울 때 가장 빛난다:
〈아이 필 프리티〉

•••

제3의 물결 페미니즘은 1980년대 포스트모더니즘의 영향을 받아 1990년대에 선언되었다. 제1의 물결이 메리 울스톤크래프트의 여성권리 옹호의 영향을 받아 인본주의적 관점에서 시작해 남성과 똑같은 인간으로서의 여성 평등을 이야기한다면, 제2의 물결은 시몬느 드 보봐르의 '사회적으로 만들어지는 여성' 논의의 영향을 받아서 남성과 달리 여성으로 정체화된 현실적 여성의 평등 실천 방안과 하나의 여성 집단 안에 있는 내부의 차이를 가진 여성들을 이야기한다. 제3의 물결은 두 가지 상반된 방식으로 나타났다. 하나는 데리다의 해체론, 프로이트와 라캉의 정신분석학, 포스트모더니즘의 영향을 받아 페미니즘이라는 기존 용어 자체를 비판적으로 성찰함으로써 기존 여성 정체성을 '해체'하고 페미니즘의 범위를 확대하여 여러 소수자 운동과 연대하려는 움직임 속에 태동했다. 다른 한편으로는 포스트모더니즘의 영향을 받아 포스트페미니즘이 페미니즘 정치성과 함께 무화한, 여성 정체성을 '복원'하고, 억압당하는 다른 여러 층위의 억압 구조를 '교차성 페미니즘'의 관점으로 재성찰하고자 했다. 페미니즘은 '인간 평등'이라는 기본 의제에서 시작했지만 제3의 페미니즘 단계에 오면 논의가 다각화되고 복잡해져서 모순적이고 양극적 지형으로 표현되기도 한다.

우선 제3의 물결 페미니즘은 한편으로 자기 정체성을 넘어설

정도로 논의 주제 면에서 확대되고 다변화되었다. 여성이라는 중심 이슈를 다변화하다 보니 페미니즘이 근본적으로 전제하는 남녀의 평등이라는 기본 전제마저 의문시하기도 했다. 기존의 남녀의 이분법을 의문시하면서 예컨대 '여성과 동일시하는 생물학적 남성'의 권리를 페미니즘에 포함시켜야 하는가의 문제를 제기한다. 정신적으로 여성이라고 생각만 하는 남성, 여성의 옷을 즐겨 입고 여성처럼 행동하는 남성, 여성으로 성전환한 남성 모두 페미니즘의 대상인가라는 질문이다. 제2의 물결 페미니즘이 여성과 여성 내부의 차이를 이야기했다면, 제3의 물결 페미니즘은 여성과 남성의 경계를 넘나들며 여성이라는 정체성의 문제를 고민하고, 다양한 젠더 정체성을 주장하면서 젠더 고정관념과 성역할 이분법에 저항한다. 또한 현실의 여성 각각이 처한 복잡한 억압의 교차점에 대해 숙고한다.

제3의 물결의 가장 큰 특징은 스펙트럼이 다양하다는 것이다. 포스트페미니즘을 비롯해 남성학까지 이 시기에 나타나면서 현실의 여성 문제가 완전히 해결되기도 전에 이론적으로 너무 많이 나갔다는 비판도 일었다. 이에 따라 실제 사건에서 인종과 계급이 서로 다른 사람들이 상대방의 입장에서 조망하고 공감하는 교차성 페미니즘의 필요성이 제기되었다. 한편으로는 성차를 정하는 모든 기준과 범주를 의심하고 자기 동일적 정체성을 부인하는 포스트페미니즘에 대한 비판도 일었다. 포스트페미니즘은 여성의 정체성을 부인하기 때문에 페미니즘의 정치성을 가지기 힘들 뿐만 아니라, 현실의 중층결정된 억압 구조 속에 있는 여성의 복잡한 맥락의 교차 지형을 무력화한다는 비난이었다. 포스트페미니즘에 반발하며 현실의 여성이 놓인 억압의 교차성을 강조하는 것이 제3의 물결 페미니즘의 본격적 시작으로 보인다.

포스트페미니즘은 여성을 여성으로 정의하는 기준조차 권위적 페미니즘 담론에서 온다는 의미에서 기존 페미니즘의 정체성을 반성적으로 숙고하며, 기존 페미니즘의 이후 혹은 여성의 문제 그 이상을 논의하는 방식을 강조하기 위해 페미니즘에 '탈' 혹은 '후기'라는 의미의 접두사 '포스트'를 붙이면서 등장했다. 다른 한편, 평등이 이미 완수되었고 페미니즘은 이미 실현되었다는 판단은 섣부르며 그것이 오히려 여전히 존재하는 현실의 성별 불평등을 감추는 전략이 된다는 비판도 제기되었다. 남녀의 문제나 양성평등의 문제만이 아니라 이성애적 백인 여성 중심성을 벗어난 흑인, 유색 인종, 퀴어나 성 소수자, 장애인 등의 다양한 억압지점을 복합적으로 사유할 필요성이 주장되었다.

포스트페미니즘과 분명히 선을 긋고 여성의 정체성을 확고히 주장하는 사람에는 대표적으로 리베카 워커가 있다. 앨리스 워커의 딸이기도 한 리베카 워커는 1991년 〈제3의 물결 되기〉라는 성명서를 발표했다. 흑인 남성 클래런스 토마스가 직장 내 위계를 이용해 흑인 부하 여성인 아니타 힐을 성추행했다는 증언이 있는데도, 결국 대법관에 임명되자 격분한 것이다. 리베카 워커는 그 분노를 정치운동으로 승화시켜 여성의 몸과 삶에 대한 자주적 결정권을 회복하고자 했다. 그녀는 선언한다. "나는 포스트페미니즘을 주장하는 페미니스트가 아닙니다. 나는 제3의 물결입니다."

리베카 워커의 '제3의 물결 선언'으로부터 다양한 프로젝트가 생겨났다. 대중문화와 페미니즘을 이어주는 '라이엇 걸Riot grrrl'이나 2008년 독일에서 창간된 《미시 매거진》같은 잡지가 그 사례다. 그 중에는 요조숙녀 규범에 반대하는 '난잡한 여자' 프로젝트나 날씬한 몸을 위한 다이어트에 반대하는 운동, 전통적 여성의 전형에 저항하는 거친 대중음악의 가사 등도 있었다. 제3의 물결이 제2의 물결과 구분되는 지점에는 기존의 페미니즘 개념에 대한 의구심과 저항이 있다. 이들은 남녀가 원칙적으로 대립된다는 사상을 거부하고, 자연적인 성과 함께 문화적 성에도 관심을 기울였으며, 무엇보다 (영미 백인 지식인 여성 중심의) '보편적' 페미니즘 이론보다는 '구체적' 현실의 여성 문제에 좀 더 초점을 맞추었다. 누구든 해당 현안에 대해 남녀의 생물학적 성차를 떠나 자신의 의견을 개진할 수 있고, 또 전통적인 집회 정치 형태 대신, 인터넷을 통한 네트워크로 소통할 수 있었다. 문화와 미디어 영역에서 활동하면서 남성 중심 문화의 전형성이나 교조주의에는 반대했다.

제3의 물결 페미니즘은 집단보다는 개인을 중요시해 여성이 외모를 가꾸는 것부터 규범화된 미 관념을 거부하는 데 이르기까지, 걸 파워의 확대에서 난잡한 여자 되기에 이르기까지, 모순적이고 상호 충돌하는 복잡한 맥락의 다양한 반응을 전방위적으로 포용하기도 했다. 선도적인 제3의 물결 페미니스트 레슬리 헤이우드Leslie Heywood와 제니퍼 드레이크Jennifer Drake는 이렇게 말했다.

서로 다른 기질의 페미니즘과 행동주의가 때로 서로를 직접적으로 부정하기도 하지만, 그들 모두가 우리의 제3의 물결의 삶, 우리의 사고, 우리의 실제의 일부다. 즉 우리는 페미니즘 안에 있는 모든 모순되는 정의와 차이의 산물이고, 어쩌면 총체적으로 아주 다른 이름이 필요할지도 모르는 그러한 잡종적 동물이다.

'교차성'은 제3의 물결 페미니스트들의 가장 핵심적인 원리로 평가된다. 킴벌리 크렌쇼가 1989년 출판한 논문 〈인종과 성의 교차를 주변화하기〉는 흑인 여성과 유색인종 여성의 경험, 정체성, 이해관계가 여성운동과 흑인 및 유색인종 운종에서 배제되고 있는 모순에 주목했고, 이후 교차성은 흑인 페미니즘의 기반에서 인종, 젠더, 계층, 장애 정도, 섹슈얼리티, 기타 다른 정체성의 표식들이 피억압자의 삶에서 겹치면서 뚜렷한 형태의 억압을 만들어낸다고 파악한다. 연구주제로서 교차성 개념은 여성 주체의 인종, 젠더, 섹슈얼리티, 장애 정도, 계층이 그 주체와 어떻게 상호작용하는지를 밝히고자 한다. 수많은 피부색, 민족, 국적, 종교, 문화적 배경의 복합적 교직과 교차 양상에 주목한 것이다. 이는 다른 여성들의 말에 귀 기울이고 유색인종 여성을 페미니즘의 논의 장소로 끌어내 기존 페미니즘의 백인성을 극복하고자 했다. 서로 다른 인종뿐 아니라 민족적, 사회적, 경제적, 정치적, 문화적 차이에 대한 편견 및 성적 차이에 대해서도 열려 있고자 했다.

1990년대의 신자유주의 흐름 속에 강화된 경제적 경쟁구조 속에서 제3의 물결 페미니즘은 어떤 전략을 취해야 할까? 신자유주의 자본주의 시대의 페미니즘은 양가적이고 더욱 복잡하다. 기존 규범에 맞게 성공한 여성을 이상으로 삼기도 하고, 그 규범에 저항하는 여성을 대표로 세우기도 한다. 한편으로 자본주의의 성공 모형에 맞게 미모와 능력을 겸비해 경제적으로 성공한 여성을 '걸 파워'의 전형으로 삼기도 하고, 다른 한편 기업이 성적 매력을 상업적으로 확산하는데도 가부장제는 여전히 전통적 현모양처나 요조숙녀를 고집한다는 점을 비판하고자 '난잡한 여자'를 전면에 세우기도 한다. 난잡한 여자라는 명칭은 2011년 캐나다 여성들의 '난잡한 여자들의 행진Slut Walk'이라는 거리 시위에서 나왔다. 당시 토론토 소재의 한 대학에서 안전교육을 하던 경찰은, 여자들이 성폭행의 희생자가 되지 않으려면 창녀처럼 입고 다니지 말아야 한다고 발언했고, 그것은 성폭력의 원인이 조신하게 입고 다니지 않은 피해자에게 있다는 뜻이었다. 이에 분노한 여성들은 자신도 난잡한 여자임을 자처했다.

여성의 아름다움에 대해서도 양가적이다. 여성적 몸의 특징은 사회와 문화가 만든 것으로, 이에 저항해 기존의 정형화된 미 관념을 극복하자는 사람도 있고, 성형 수술과 다이어트로 기존의 여성미를 최대화해 사회적 성공에 최대한 활용하려는 사람도 있다. 페미니즘의 주체성도 이중적이다. 성 전환자나 젠더 정체성 혼란을 겪는 사람을 페미니즘의 주체로 포용하는 사람도 있고, 생물학적 여성 혹은 법적 여성을 페미니즘의 주체라고 보는 사람도 있다. 이상적 삶에 대한 기준도 다르다. 기존 체제를 수용하며 그 체제 안에서 인정받는 고소득 전문직의 정점으로 수직 상승하려는 사람도 있고, 기존 체제를 비판하며 대안 교육이나 비정부기구를 통해 새로운 수평적 삶의 기준을 세우려는 사람도 있다. 하나의 이슈안에서도 상반된 주장이 나오기도 하는데 이런 사람들까지 다 포용할 수 있게 제3의 물결 페미니즘은 논쟁의 장을 열어 놓았다.

1995년 베이징에서는 189개국 국가의 공식 대표들이 참가한 가운데 제4차 세계여성회의가 열렸다. 각 국가들이 정치, 경제, 사회적 차원에서 성 평등을 촉진해야 하며, 여성의 빈곤을 극복하고 여성에 대한 폭력을 방임하지 않을 의무가 있다는 토의 결과가 나왔다. 이런 성 평등 정책에서는 섹스와 젠더, 즉 생물학적 성과 사회적 성의 구분이, 기존의 남성 중심성이 아닌 '새로운 성 평등'을 지향하는 교육과 사회를 통해 형성하는 것이 중요하다. 이 새로운 성 평등은 복잡한 지형 속에 다양하게 교차되는 모순적 논점들을 수용할 수 있을 것이다.

다양한 공론의 장이 활성화되는 현상은 당면한 이슈에 대해 인터넷, 소셜 네트워크, 무대 공연 같은 IT 기술과 문화를 중심으로 토론하고 연대할 수 있어 가능해진 일이다. SNS에 익숙한 젊은 세대에게 각종 논쟁은 호응을 얻는다. 특히 여성들은 문화와 미디어 영역에서, 교조적인 남성 중심 문화에 반대했다. 제3의 물결 페미니스트들은 그들의 행동에 '특정' 범주의 이름이 붙는 것을 염려했고, 개인의 생물학이 모두의 운명이라는 성별 이분법을 우려했다 그래서 '페미니스트'나 '우머니스트'라는 이름을 거부하고, 대신 '걸즈girls'

로 불리기를 선호했다.

정리해보면 제3의 물결 페미니즘은 포스트모더니즘 시대의 남성학이나 포스트페미니즘에 대한 반발이자, 특정 사건에서 인종과 계급이 교차하는 교차성 페미니즘을 중심으로 여러 다양한 주제를 수용했다. 당면 이슈에 대해 주로 인터넷과 문화 매체 영역에서 활발히 활동하고 네트워크를 통한 소통에 민감하게 반응했다. 그러다 보니 인터넷, 소셜 네트워크, 무대 공연과 같은 IT 기술과 문화를 중심으로 연대하게 되고 젊은 세대의 호응을 얻게 되었다. 집단보다는 개인주의의 경향이 강하고, 자신의 외모를 가꾸는 것부터 규범화된 미 관념을 거부하는 것에 이르기까지 다양한 여러 반응을 전방위로 포괄하고자 했다.

여성이 외모를 가꾸는 것은 페미니즘적일까, 반페미니즘적일까? 그 대답은 여러분 각각의 관점에 달려 있다. 다이어트와 피부 관리, 성형 시술과 수술, 화장과 패션을 통해 외모를 가꾸는 것이 자신감을 회복시킨다면, 그건 페미니즘적인 선택일 것이다. 하지만 여자는 어떠해야 한다는 강박 때문에 원치도 않는데 한다면 페미니즘적 선택이라 할 수 없다. 중요한 것은 각자의 상황과 맥락에 맞게 욕망하고 선택하는 것이다. 누구나 자신을 아름답게 표현할 다양한 '권리'가 있다. 그러나 그것이 획일적 '의무'가 되는 순간 개인은 피곤하고 지친 삶을 살게 될 것이다.

〈아이 필 프리티〉 줄거리 요약 (에비 콘 감독, 2018)

21세기 현재의 미국, 르클레어 화장품 회사에 근무하는 르네 버넷은 패션 센스도 좋고 긍정 에너지가 폭발하며 발랄한 매력이 있지만 한 가지 콤플렉스가 있다. 바로 외모에 콤플렉스다. 얼굴도 더 예뻐지고 싶지만, 무엇보다 과체중의 통통한 몸매가 불만이다. 아름답고 날씬해지는 게 소원인 르네는 비오는 밤 비를 흠뻑 맞으며 소원을 비는 분수에 동전을 던져 소원을 빈다. 그리고 그 다음 날도 살을 빼기 위해 헬스클럽에서 스피닝을 한다.

그런데 과도한 열정으로 운동을 하다가 넘어져 머리를 다친 르네는 눈을 뜨고 깨어나 보니 자기가 이 세상에서 가장 날씬하고 아름다운 여성으로 보인다. 이때부터 르네는 기존의 열정과 발랄함에 폭발하는 자신감까지 더해져 남자 친구 에단을 사귀고, 회사의 원하는 부서에 지원해 직위도 따내고, 더 나아가 회사의 중요한 안건에 대해 상사의 관심과 지원도 받게 된다. 모든 것이 승승장구로 잘 풀리고 갑자기 인생이 완벽해진다.

그러던 중 출장지에서 또 한번 머리 충돌 사건을 겪고 기절했다가 눈을 뜬 르네는, 자신이 다시 예전의 통통한 모습으로 돌아왔다고 느낀다. 갑자기 자신감을 잃어버린 르네는 방황하다가, 어느 순간 사실상 외모는 변한 것이 없고, 변한 것은 외모에 대한 자신감뿐이라는 것을 깨닫는다. 자신감을 갖는다면 연애와 직업, 그리고 일상의 모든 면에서 자기 주도권과 역량을 강화할 수 있다는 사실을 인식하며 스스로의 진짜 아름다움을 발견하면서 외모 콤플렉스를 극복하게 된다.

운 좋게도 소원을 들어주는 마법사를 만났다고 상상해 보자. 단하나의 소원을 빌어야 한다면 당신은 무엇을 빌겠는가. 돈, 권력, 젊음, 무한 능력 등 세상에 넘쳐나는 수많은 가치 중에 무엇을 택할 것인가. 문득 과거 한 화장품 광고가 생각난다.

"네 소원이 무엇이냐?"
"더 예뻐지고 싶어요."

21세기 현대에도 미모는 돈이고 권력이고 능력이다. 아름다운여자, 멋진 남자는 모두가 동경하는 대상이다. '얼굴 천재', '착한 몸매'라는 표현이 말해 주듯이, 이미 잘생긴 사람은 천재이고 몸매가좋은 사람은 착하다. 아름다움이 지성과 윤리까지 포괄해버리는 시대이기 때문이다. 190센티미터 키에 식스팩을 가진 훈남이나, 8등신 모델 몸매의 베이글 미녀로 환생하고 싶은 사람도 많을 것이다. 인스타그램이나 유튜브의 인플루언서가 되어 많은 돈과 권력을 누리고 대중의 인기와 부러움까지 받고 싶을지 모른다. 자본주의 사회는 모든 것을 상품으로 간주하므로, 아름다운 몸에는 부가가치가 붙어 고가의 상품처럼 여겨진다. 이른바 '육체 자본'이다.

그리스 신화에도 여성에 미에 관한 트로이 전쟁 에피소드가 있다. 불화의 여신 에리스는 바다의 요정 테티스의 성대한 결혼 연회에 초대받지 못한다. 그러자 올림포스 여신이 모여 있는 곳으로 황금 사과 하나를 보낸다. 사과에는 '가장 아름다운 여신에게'라는 문구가 새겨져 있었다. 세 명의 여신이 나섰다. 제우스의 아내 헤라, 전쟁의 여신 아테나, 그리고 미의 여신 아프로디테였다. 이들은 저마다 자신이 사과의 주인이라고 주장했고, 신들에게 판정을 요청했다. 이해관계가 복잡한 올림포스의 신들은 말을 아꼈고, 결국 인간인 파리스 왕자가 판정을 맡게 된다.

세 여신은 이미 인간의 미 의식을 넘어섰으니 인간이 보기엔 너무나 아름다웠다. 하지만 단 한 여신이 뽑혀야 하고, 여신들은 인간 청년에게 자신을 뽑아 줄 경우 얻을 선물을 제안한다. 헤라는 소아시아 전체의 통치 '권력'을, 아테나는 모든 전쟁에서 이길 '힘'을, 아프로디테는 이 세상에서 가장 아름다운 '미녀'를 약속했다. 파리스는 갈등하다 '미녀'를 선택한다. 아프로디테를 가장 아름다운 여신으로 지목하고, 최고의 미녀 헬레네를 아내로 맞으려 한 것이다. 문제는 헬레네가 이미 다른 남자의 아내라는 데 있다. 그럼에도 파리스는 헬레네를 유혹해 사랑의 도피 행각을 벌이고, 그로 인해 트로이 전쟁은 시작된다.

가장 아름다운 여신을 뽑는 사과는 불화의 여신이 던졌고, 미의 여신 아프로디테의 내연남도 전쟁의 신 아레스이듯, 아름다움은 늘 불화와 전쟁을 동반한다. 21세기인 현재에도 여자의 아름다움을 위한 전쟁은 진행 중이다. 다이어트와 운동, 화장법, 패션, 명품 의류와 액세서리에 대한 관심은 일반적 수준이다. SNS와 유튜브에는 날씬함을 자랑하는 미녀, 다이어트에 성공한 몸짱이 가득하고, 이들이 등장할 때마다 관련 제품 광고가 따라붙는다. 추함과 비만은 치료해야 할 질병으로 간주되어 부위별 성형 수술, 양악 수술 외에도 종아리 근육 퇴축술, 지방 흡입 수술 등 각종 수술로 이어진다. 관련 의료 산업과 제약 산업이 성장한다. 외모 관리와 개선을 위한 병원도 늘어나고, 식욕을 억제하거나 소화 흡수를 방해하는 다이어트 약, 피부 미백이나 트러블 및 주름과 처짐 개선을 위한 각종 처방과 주사가 넘쳐 나고, 한의원까지 침과 한약을 이용해 미용과 체중을 관리한다. 아름다움을 향한 상품 소비와 자기 관리는 이제 남녀노소할 것 없이 일상의 투쟁이자 전쟁이 되었다.

몸무게에 대한 강박도 커졌다. 신체검사나 건강검진에서 몸무게가 표준 체중보다 조금이라도 더 나간다면 질병으로 여겨진다. 비단 결혼 적령기에 있는 젊은이들만의 문제가 아니다. 건강과 장수의 비결은 체중과 스트레스 관리에 있다고 생각하는 중장년도 다이어트를 하고 미니스커트에 긴 생머리를 하거나, 청바지를 입고 탈모를 감추기 위해 웨이브 펌과 모발이식, 혹은 가발로 젊음과 미모를 뽐낸다. 외모에 관심이 높아지면서 동안이나 젊어 보이기 위한 상품 경쟁도 남녀노소할 것 없이 계속된다. 무엇보다 날씬함은 젊어 보이기 위한 기본 조건이다. 성형은 모랄이고 다이어트는 당위인 시대다. 현대인에게 날씬한 아름다움은 곧 권력이다.

▶ 내 꿈은 아름다워지는 것

사실 '표준 체중'은 평균치에 대한 시대별 통계일 뿐이다. 그런데 많은 사람들이 체중계를 사서 표준 체중, 혹은 미용 체중을 향해 자기 체중을 관리한다. 체중을 재고 작은 숫자의 변화에 희비가 엇갈리기도 한다. 살 빠지는 것은 행복이고, 찌는 것은 불행이다. 자기관리에 실패한 낙오자로 여겨지거나, 건강하지 않은 식습관 혹은 운동 부족에 대한 죄책감마저 가져온다. 영화 〈아이 필 프리티〉 주인공 르네 버넷은 쾌활하고 유쾌한 성격에 옷도 잘 입는 편이지만 늘 통통한 몸매가 불만이고 매장에 맞는 사이즈가 없어 다소 위축되어 산다. 실내 사이클용 신발을 빌릴 때도 여자치고 발이 크고 발볼이 넓은 것이 창피하다. 르네의 소원은 아름다워지는 것이고 그 아름다움은 날씬함을 기본으로 하고 있다.

르네가 통통한 몸과 평균보다 큰 발과 발볼을 부끄러워하는 이유는 무엇일까? 자본주의 사회에서는 매력적인 외모가 '육체 자본'이 되기 때문이다. 보통 사람이 도달하기 힘든 미모와 몸매일수록 고부가가치를 내는 상품처럼 여겨진다. 그것이 격한 운동과 무리한 다이어트의 일시적 효과든, 부작용을 동반하는 약과 수술의 결과든 그 과정은 중요하지 않다. 결과적으로 날씬하고 매력적인 몸이 중요하다. 그래도 르네는 운동으로만 체중을 관리한다는 점에서 건강한

다이어트를 하고 있다. 다만 효과가 약할 뿐이다.

　자본주의는 소비자의 결핍을 자극해 상품을 판매하는 사회다. 기업의 이윤 창출은 소비자의 소비 욕망에서 오고 그 욕망은 결핍감에서 비롯된다. 자족적인 사람은 필요한 상품 외의 소비를 하지 않는다. 사고 싶은 욕망, 갖고 싶은 욕망은 그것이 내게 결핍되었다는 생각에서 오므로, 기업은 제품을 팔기 위해 언제나 소비자의 결핍을 만들어야 한다. 멋진 모델을 내세워 당신은 여기 비해 부족하지 않냐고 비교하고, 이 제품을 쓴다면 당신도 이 모델처럼 될 수 있다고 반복된 메시지로 최면을 건다. 이런 과정을 거쳐 우리의 낮은 자존감과 결핍감은 대기업의 상품 구매와 이윤 창출로 이어진다. 하지만 키 크고 깡마른 모델, 당대 최고의 미녀가 비교 대상인 한 우리는 결코 자기 외모에 완전히 만족할 수 없다.

▶ 외면과 내면, 외모로 형성되는 자존감

　〈아이 필 프리티〉는 외모에 대한 자기 착각에서 벌어지는 여러 해프닝을 다룬 코미디 영화지만, 한편 여성 자존감과 자신감에 대한 영화이기도 하다. 외모, 능력, 인맥, 승진 경쟁이 치열할수록 열패감은 높아지고 패자는 늘어난다. 이런 세상에서 '나는 내가 자랑스럽다'며 당당하게 말할 사람이 얼마나 될까. 누구나 좀 더 완벽해지고 싶다. 성격 좋고 능력 있고 유머 감각까지 좋아도 더 예쁘고 날씬하고 싶다. 이미 충분히 예쁘고 날씬해도 작은 결점이 성가시게 느껴진다. 성형 시술이나 수술을 한 번이라도 한 사람이 더 그 미모 관리의 늪에서 벗어나기 어렵다.

하지만 실제 우리 삶에는 모든 것을 갖춘 셀렙이나 유명인보다는 이런저런 결점이 많은 평범하거나 부족한 사람들이 더 많다. 외모 지상주의 사회에서 못생기고 작고 뚱뚱한 몸은 비웃음의 대상이자 아웃사이더가 되기 쉬운 조건이다. 비단 이런 사람만 살기 힘든 건 아니다. 마른 사람은 말라서, 키가 큰 사람은 커서, 부자는 부자라서, 금발 미녀는 금발 미녀라서 힘들고 상처받는다. 심지어 부와 지성, 미모 모두 갖추어도 오만하다는 비난을 받을 수 있다. 노블리스 오블리쥬까지 갖춘 사람은 너무 늙었다. 결국 누구도 너무 높아지고 복잡해진 이상적 인간의 사회적 기준은 이제 따라잡을 수도, 충족시킬 수도 없다는 얘기다.

르네는 우정과 연애를 위해 데이트 앱에 절친한 친구들과 찍은 사진을 올렸지만 조회수가 오르지 않자 낙담하고, 리서치 팀에서 함께 근무하던 르네의 동료는 친척에게 돼지라고 놀림을 받았던 상처가 있다. 부와 미모를 다 갖춘 회사 대표 에이버리 클레어는 톤 높은 목소리와 경영 능력에 대해 열등감을 갖고 있다. 훤칠하고 잘생긴 클레어의 동생 그랜트는 가족 신용카드가 막히면 아무것도 할 수 없어서 늘 누나의 눈치를 보며 산다. 완벽한 인간은 없다. '완벽'이란 환상은 오로지 상품 광고 안에서만 존재한다.

문제는 자신감이다. 르네는 두 번 크게 머리를 부딪히는데 첫 번째는 자신이 여신급 미모의 소유자라는 환상에 사로잡히고, 두 번째는 원래의 현실로 돌아온다. 첫 번째 충격 때에는 연애와 직업 모두에서 승승장구하지만, 두 번째 충격 이후 오히려 전보다 더 크게 낙담해 아무것도 하지 못한다. 애써 준비한 ppt 자료를 대표에게 전달할 용기도 나지 않고, 남자친구를 만나거나 직장으로 돌아갈 자신도 없다. 외모는 외모일 뿐인데, 외모가 내면을 지배해 사실상 다른 사람을 만드는 것이다.

이건 개인의 의지가 약해서 생긴 현상이 아니다. 그동안 르네는 외모 때문에 보이지 않는 작은 수모를 당했다. 스타일리시한 옷을 사러 의류 매장에 들렀을 때 점원은 플러스 사이즈는 인터넷에서만 판다며 무안을 주고, 운동 센터 직원은 신발 사이즈가 크다고 망신을 준다. 크고 화려한 르클레어 본사에 다니지 못하고 좁고 허름한 차이나타운 리서치 팀에서 일하는 것도, 어느 정도는 외모 때문이라고 생각한다. 이런 경험들이 르네의 자존감을 갉아낸다. 날씬하면 당당하지만 뚱뚱하면 주눅이 든다. 옷을 살 때, 운동하러 갈 때, 데이트를 할 때도 날씬하고 예쁘면 더 대우받기 때문이다. 외모가 사회적 인격이 된 시대다.

▶ 아름다움은 사회적 규범

똑같은 몸과 얼굴이지만 스스로 아름답다고 생각할 때와, 뚱뚱하고 못생겼다고 생각할 때의 개인의 자존감은 하늘과 땅만큼 차이가 난다. 전자의 경우에는 뭐든 긍정적이고 희망에 차 있지만, 후자일 때에는 매사에 부정적이고 좌절에 차 있다. 스스로 아름답다고 생각할 때의 르네는 보통 사람들에게 활력과 에너지를 주고 타인에 대한 이해와 공감의 폭이 넓다. 반면 뚱뚱하다고 생각할 때는 대인 관계에 위축되어 제대로 된 의사 표현도 못하고 숨어 다니기 일쑤다. 이제 외모는 내면이고, 자존감이 된다. 외모 자체보다 중요한 것이 외모에 대한 자기 관념이라면, 외면과 내면은 서로 연결되어 있다. 사실 내면의 심리를 구성하는 것은 외모가 아니라 외모에 대한 사회적 관념이다.

엄밀히 보면, 외모 자체가 어떤 기준이나 가치를 가진 것은 아니다. 그 기준이나 가치는 사회적 합의에 의한 것이고 시대마다 지역마다 다르다. 아름다운 몸이라는 것도 그 사회가 어떤 가치를 추구하느냐에 달려 있다. 16세기 르네상스 시대에는 르네 같은 풍만한 몸매가 아름다움의 조건이었다. 이 시기의 그림을 보면, 여성뿐 아니라 아기들도 오동통하다. 당시에는 빈곤하고 식량이 적어 일반 농민은 풍요롭게 마음껏 먹는 것이 소원이었지만, 그것은 지주나 귀족만이 가능했다. 그래서 통통한 몸매는 부와 계급의 상징이었고, 부러움의 대상이었다.

하지만 물질이 풍요로운 현대는 마를수록 아름답게 본다. 사이즈가 일 인치 줄면 미모가 한 등급 상승하고, 일 킬로를 빼면 한 살 더 젊어진다고 생각한다. 먹을 것이 많은 시대에는 절제와 자기통제가 미덕으로 떠오르고, 몸은 관리의 대상이 된다. 식욕대로 다 먹는 사람은 몸매 관리에 실패한 루저고, 운동을 게을리하는 사람은 정신력과 의지가 약한 사람이다.

무한경쟁과 승자독식 체제가 일반화된 자본주의 사회에서 자기 관리 실패나 의지박약은 큰 약점이다. 그래서 사람들은 마음껏 먹는 식사 대신 칼로리를 계산하고, 매일 혹은 매시간 체중을 달아가며 식사 종류와 양을 제한한다. 건강을 위한 과학적인 관리지만, 어떤 면에서는 과도한 기준에 스스로를 옭아매는 행동이기도 하다. 몸 관리에 실패할 경우, 사회적 낙오자라는 열패감을 감당해야 한다. 외부에서 오는 혐오의 시선도 견뎌야 한다. 지나친 식욕 억제는 폭식증으로 이어질 수도 있고 결국 식이장애나 신체이미지 왜곡으로 자존감 하락과 우울감을 동반할 수도 있다.

세계적인 토크쇼의 여왕 오프라 윈프리는 40년간 체중을 40킬로 감량해 보았고, 지금도 여전히 다이어트와 요요현상 사이를 오간다고 한다. 한평생 몸무게와 투쟁 중인 것이다. 고기만 먹는 황제 다이어트로 30킬로를 줄였지만 요요현상 때문에 108킬로까지 다시 살이 쪘고, 칼로리 제한식으로 72킬로까지 감량했지만, 다시 125킬로로 늘었다고 한다. 이후에도 식단 관리 전문 트레이너, 개인 요리사, 영양사와 의사 등 최고 전문가를 붙여 다이어트를 해 40킬로를 감량했지만, 화가 날 때 식욕을 억제 못해 원래 체중으로 돌아왔다고 한다. 이제 윈프리는 내 몸을 있는 그대로 사랑하자고 말한다.

사실 표준 체중이라는 것은 없다. 통계로 산출된 후천적 관념에 불과하고 시대마다 다르다. 어쩌면 배고플 때 먹고 싶은 음식을 적당히 먹고 유지하는 체중이 자신의 표준 체중일지 모른다. 탄수화물과 지방만 제한하거나, 단백질과 섬유질만 먹는다면 특정 영양소가 결핍되거나 과다해질 것이다. 오랜 기간 과도하게 식욕을 통제하고 원하지 않는 운동을 지속한다면, 감량에는 효과적일 수 있어도 식이

장애나 운동 트라우마를 겪을 수도 있다. 식이장애는 마음의 병으로 이어질 수 있다. 살을 빼려다 더 찌거나, 쪘다 빠지는 것이 반복될 경우 자아감에 부정적 영향을 주고, 자존감이 오히려 더 떨어질 수도 있다.

▶ 외모 관리 산업과 자본주의적 기업 팽창

식단 관리도, 운동도 모두 돈이 드는 일이다. 소비는 아름답다. 소비 재원을 마련하기 위한 생산이 고단할 뿐이다. 우리 앞에는 한쪽에 고급 맛집 광고가, 다른 한쪽에 퍼스널 트레이너의 운동 광고가 있다. 맛있는 것도 먹고 싶고, 날씬한 몸매도 유지하고 싶다. 대부분의 사람은 다이어트에 대해 실제 하는 것과 무관하게 언젠가는 해야 할 것으로 느낀다. 자기 체중에 만족하는 사람은 거의 없다. 누구나 3킬로에서 5킬로는 더 빼고 싶다고 한다. 체중은 만족해도 특정 부분이 너무 마르거나 너무 쪄서, 혹은 너무 크거나 너무 작아서 고민도 한다. 이런 인간의 욕망은 관련 산업을 번창시키는 반면, 인간의 자존감은 낮추었다. 맛있는 것을 먹으면서 칼로리를 계산하고, 그만큼 더 운동해야 안심된다면 당신도 예외가 아니다. 영상시대의 현대인은 모두 다이어트와 전쟁 중이라 해도 과언이 아니다.

외면도 내면도 나의 일부다. 시대에 따라 외면이 중시되기도 하고 내면이 중시되기도 했다. 중세시대가 성스러운 영혼을 강조했다면 근대는 세속적 육체를 강조했고, 현대는 외모 지상주의 시대다.

아름답기만 하면 악이라도 용서되고, 아름답지 못하면 선조차 우둔함이나 미련함으로 깎아내려진다. '착한 몸매', '성형은 모럴'이라는 말 자체가 이미 아름다움을 도덕이나 윤리로 간주하고 있음을 증명한다. 그만큼 실제 선함이나 성실함 등 내면의 가치는 약화 중이다.

머리에 충격을 받기 전의 르네는 외모 콤플렉스에 시달렸고, 충격 이후에는 자신감 상승으로 연애와 커리어 면에서 인생 최고의 성공을 거두는 듯 보였다. 하지만 두 번째 충격을 받은 후 모든 것이 원래로 돌아왔다. 급상승한 속도만큼 자신감이 곤두박질쳐 사실상 처음보다 더 바닥으로 떨어졌다. 그러나 르네는 곧 깨닫는다. 자신이 본 것은 시각적 환상일 뿐 변한 것은 없다는 사실을 알게된 것이다.

SNS에 올려지는 셀카와 음식 사진들은, 상당 부분 자기 우월감을 과시하고 대중에게 확인받고 싶은 심리에서 비롯된다. 우리가 자랑하고 싶은 것도 타고난 미모이기보다는 특정 지역, 특정 식당에서 특정 제품을 소비할 자본력인 경우가 더 많다. 기업이 이윤을 창출하기 위해 값비싼 광고로 소비를 부추긴 효과가 제대로 작동한 셈이다. 명품 로고와 브랜드 뒤로 자신의 본모습을 숨길 경우 가장 이득을 볼 사람은 누구일까? 그 제품의 생산자이자 유통자일 것이다. 고가의 의류, 화장품, 헤어 제품, 가방과 액세서리는 화려한 이미지를 만들어 주는 대신, 그 안의 진짜 사람은 감추어 버린다. 사람은 작아지고 기업만 커 가게 되는 구조다.

▶ 나는 나답게, 너는 너답게

고정된 성역할이나 젠더 규범은 여자뿐 아니라 남자에게도 부담이 될 수 있다. 남녀가 막 연애를 시작할 때 왜 꼭 데이트 신청은 남자가 먼저 해야 하는가? 남자의 취미가 라틴 댄스나 재즈 댄스면 이상한 것인가? 르네의 남자친구 에단은 언론사에서 일하고 줌바 댄스를 좋아한다. 원래는 카메라맨이 되고 싶었지만, 남자가 많은 곳이 싫어서 CNN 운영실로 일터를 옮겼다. 르네는 에단에게 여성적인 성향이 많다는 것을 금방 알아차린다. 그리고 그런 그를 편견 없이 이해하고 받아들인다.

리더가 되기보다 리드 받기를 원하는 남자도 있다. 에단도 이런 경우다. 둘의 관계는 르네가 주도하고 에단은 잘 따라간다. 사랑을 나눌 때도 르네가 적극적으로 에단을 이끈다. 이 둘의 관계 주도권은 처음부터 르네에게 있었다. 전화번호를 물은 것도, 데이트를 청한 것도, 회사 중역의 개인 파티에 초대하는 것도, 또 둘만의 사랑의 밀실로 초대한 것도 르네다.

처음에 에단은 어색해했지만 점점 르네의 매력에 빠져들고 그 적극성과 쾌활함에 매료된다. 꼭 남자가 적극적이고 여자는 수동적이며, 남자가 용감하고 여자는 아름다워야 할 필요는 없다. 젠더 전형에 맞추는 삶은 남녀 모두에게 불편하다. 남자를 남자답게, 여자를 여자답게 만드는 '젠더박스'는 당대의 규범으로 개인을 재단하고 수정하려는 노력에 불과하다. 누구든 그저 그 사람다우면 된다. 두 사람의 관계도, 그 둘이 서로의 특성을 있는 그대로 받아들일 때 가장 만족스럽다.

제3의 물결 페미니즘은 여성 개개인의 삶으로 파고들어 생활 속에 직면하는 고정된 성 역할이나 외모 지상주의, 혹은 성적 자기 결정성의 문제를 현실적으로 다룬다. 젠더박스에 대한 문제의식은 남녀의 성역할에 대한 고정관념을 타파하게 만든다. 제3의 물결 페미니스트들은 인터넷을 이용한 데이트 앱이나 소셜 네트워크를 잘 다루며, 집단적 교조주의를 싫어하고, 개인의 취향에 관심이 많다. 현대인의 미 관념이라는 관점에 대해서도 규범화된 미 관념을 거부하고, 개개의 아름다움을 발견하고자 한다. 〈아이 필 프리티〉는 외모 자신감이 부족한 미혼 직업여성이 자신감을 회복할 때 보이는 삶의 변화를 극적으로 보여 준다. 외모 콤플렉스를 벗어나면 원하는 데이트 상대를 구하고, 직업적 역량을 강화하며, 자기 주도성을 확대하면서도 남녀가 상호 존중하는 관계성을 발전시킬 수 있다.

〈아이 필 프리티〉에 나타난 페미니즘은 남성 혐오가 아니다. 오히려 남녀가 각각 자신의 모습으로 자유롭게 살 가능성이다. 남녀가 함께 평등과 자유를 추구하고 기존의 규범이나 전형에 얽매이지 않는 창조적 삶을 개척할 수도 있다. 남자는 남자답고, 여자는 여자다운 것이 아니다. 그저 내가 나답고 네가 너다우면 된다. 상대를 외부의 규율이나 규범으로 재단하지 않고 있는 그대로 받아들일 때, 너와 나의 관계는 더 건강하고 아름다워진다.

함께 보면 좋은 영화

〈판타스틱 우먼〉(세바스찬 렐리오 감독, 2017)

〈어바웃 레이〉(게비 델랄 감독, 2015)

〈컬러 퍼플〉(스티븐 스필버그, 1986)

너도나도 차별받지 않는
사회를 꿈꾼다: 〈캡틴 마블〉

···

　제3의 물결 페미니즘을 거치면서 페미니즘은 완성되었는가? 21세기 초 영국의 한 조사 결과에 따르면 법인회사 중역의 3퍼센트, 법원에 있는 판사의 4퍼센트, 국회의원의 7퍼센트만이 여자다. 또한 임금의 수준에서도 여자는 같은 시간을 일해도 남자의 3분의 2밖에 벌지 못한다. 동일 노동 동일 임금을 법으로 정해 놓아도 현실에서는 별 도움이 안 된다. 결혼 후 자녀 출산을 하게 되면 양육으로 인한 육아 휴직제가 남녀 모두에게 제도적으로 있지만, 현실에서는 주로 여자만 사용한다. 그 경우 양육부담은 여성만의 몫이 되기 쉽다. 그 제도마저 미비한 중소기업의 경우, 여성은 경력 단절의 위기를 겪을 수밖에 없다.

　페미니즘의 물결 구분은 좀 다르겠지만 한국의 경우에도 최근까지 여성의 평등 지수 상황은 그리 개선되지 않았다. 2019년 《한국경제》에 따르면, 글로벌 투자 은행 크레디트 스위스가 낸 보고서에서 한국 경제계의 성 평등 지수는 저조했다. 한국 기업의 이사회 내 여성 임원 비율은 3.1퍼센트로, 순위를 매긴 39개국 중 최하위로 나타났다. 2015년에 비해 이 비율의 세계 지수는 5.3퍼센트 올라갔지만, 한국의 경우 오히려 0.8퍼센트 낮아졌다. 페미니즘은 특히 한국에서 갈 길이 더 멀다.

　페미니즘의 제4의 물결은 제3의 물결이 다 해결하지 못한 의제와 이슈를 좀 더 생활 속에서 대중과 밀착해 구체화하고자 한다. 사실 제3의 물결까지는 어느 정도 페미니즘계의 합의가 이루어져 있지만 제4의 물결 페미니즘은 아직 안정적으로 정착된 시기 구분이 아니다. 대략 1990년대부터 2000년대까지를 제3의 물결로 본다면, 2010년대 이후 제4의 물결 페미니즘은 좀 더 세분화된 사안들을 중심으로 '온라인'을 매체로 다각도로 여성의 역량을 강화하려 한다고 볼 수는 있다. 인터넷 해시태그 '미투 운동'처럼 직장에서의 성별 권력 불균형에 주목하고, 성폭력과 성추행, 그리고 여성 혐오와 증오의 문제에 더 대중적으로 폭넓게 접근하려 한다. 무엇보다 인터넷 온라인에 기반을 두고 여러 의제와 이슈를 다루기 때문에 제4의 물결 페미니즘을 '온라인 페미니즘'이라고 부르기도 한다. 페이스북이나 트위터, 인스타그램, 유튜브, 구글 등에서 게임이나 영화, 드라마, 음악 같은 대중에게 친숙한 것들을 활용해 페미니즘의 대중화를 이루고, 성 평등과 정의로운 사회를 주장하는 것이 특징이다.

제4의 물결 페미니즘에서 주요 주제는, 제3의 물결 페미니즘과 어느 정도 유사하다. 성 평등이나 정의의 관점에서 여성이 더 많은 대표성을 획득하는 방향을 지향하고, 여러 집단과 계급의 여성 및 소수자를 포용하는 정책과 관습을 발전시키고자 한다. 교차적 권력의 작동과 계층 구조가 유색인종 여성과 트랜스 여성 등 전통적으로 주변화된 집단에 주는 영향에도 주목한다. 다만 온라인 네트워킹을 기반으로 특정 단체나 전문 기구가 아닌 일반 대중에게 페미니즘을 이슈화했다는 것이 특징적이다. 이들은 컴퓨터와 인터넷, 그리고 소셜 네트워크와 각종 온라인 커뮤니티를 통해 해당 의제에 대한 빠른 논의와 의결을 하며, 일상적인 성차별에 맞서 싸우기 위해 활동가들의 연대와 결집을 이룬다. 전미여성기구National Organization for Women(1966년 설립된 미국의 여성주의자 단체) 토론토 지부에 따르면, 인터넷은 실시간으로 상대방을 쉽게 불러 이야기할 수 있는 호출 문화를 만들었고, 이러한 상대적 용이함과 편리함이 해당 성차별 사안이나 여성 혐오 현상에 대해 페미니스트들이 즉각 연대해 대중의 공감을 얻고 함께 저항할 수 있는 역량을 갖추게 했다.

이들은 동일 노동에 대한 동일 임금, 기회의 평등, 대등한 성별 기준 등을 중요한 의제로 삼고, 여성에 대한 증오 표현이나 혐오 표현에 저항하고, 여성을 대상으로 한 각종 폭력에 대항한다. 무엇보다 성 평등 의식을 고취하기를 위해 소셜 커뮤니티, 소셜 미디어, 뉴스, 검색 포털 등 미디어 플랫폼을 동원한다. 제4의 물결 페미니즘은 현재 진행 중이고 제3의 물결의 연장선에 있어 이 둘이 완전히 다르다고 하기는 어렵다. 다만 상대적으로 제4의 물결은 기존 페미니즘에 비해 좀 더 다양하고 세세한 개별 이슈를 다루고, 컴퓨터 정보 기술력을 기반으로 네트워킹하여, 연구자나 정책결정자가 아닌 일반 대중에게 호소한다는 공통점이 있다. 그래서 같은 주제를 되울리면서도 좀 더 구체화하고 다각화하여, 전 지구적 네트워크 연대와 미래의 우주적 소통의 가능성까지 향한다고 볼 수 있다.

⟨캡틴 마블⟩ 줄거리 요약 (애너 보든 감독, 2019)

1995년 C-53 테란족 거주지 행성의 미국에 앞선 문명 크리족 우주 전사 비어스의 우주선이 불시착한다. 크리 문명의 수도 할라에서 욘 로그의 수련아래 전사로 살아왔던 그녀는 폭발 사고로 인해 푸른 피를 흘리는 파편적 기억으로 고통받아 왔고, 기억은 전체 인생 중 크리족 전사로 살아온 최근 6년의 것밖에 없다.

그때 우주에서는 크리족과 스크럴족이 광속 엔진 기술 선점 문제로 대립하고 있었고 두 종족의 교전 중에 사고로 지구에 불시착한 비어스는 그 엔진을 개발한 로슨 박사에 관한 조사 임무를 수행하다가, 자신이 크리족 전사 비어스가 아니라 6년 전 1989년 사고로 행방불명된 지구인 공군 파일럿 캐럴 댄버스라는 사실을 알게 된다.

우주를 평화롭게 할 에너지원을 연구하던 웬디 로슨 박사는 자신이 공군 조종사 시절에 존경했던 인물인데, 사실상 지구인 로슨이 아니라 스크럴족 마벨 박사였다는 사실도 또한 알게 된다. 오히려 스승이자 교관으로 알아 온 욘 로그야말로 6년간 자신을 속여 온 적군이었음도 알게 된다. 우주의 악당으로 알았던 스크럴족이나 탈로스는 사실 우주 평화를 추구하는 종족이고, 아군이라고 믿었던 크리족이야말로 우주 정복의 야욕을 가진 악당이었다.

갑작스러운 반전으로 혼란에 빠진 캐럴은, 지구인 친구 마리아 램

보와 어린 딸 모니카, 그리고 쉴드 요원 닉 퓨리, 크리족의 도움으로 캡틴 마블이라는 자신의 진짜 정체성을 깨닫게 된다. 그리고 우주 평화를 위한 임무를 수행하러 마리아와 우주 임무를 떠난다. 그 과정에서 크리의 슈프림 인텔리전스나 욘 로그는 캡틴 마블이 삼킨 거대한 에너지원의 힘이 두려워, 그동안 옆에 두고 통제장치로 조종해왔다는 사실을 깨닫고 마블은 그 장치를 부순다. 이제 캡틴 마블은 무소불위의 우주적 힘을 각성하며 평화적 우주 질서 유지에 힘을 쏟는다.

〈캡틴 마블〉은 마블사의 영웅물 중 여성을 주인공으로 내세운 거의 유일한 작품이다. 무엇보다 이 주인공은 성적 매력으로 승부하지 않고 이성애보다 인류애를 지향한다. 하늘에서 떨어진 미모를 내세우는 것이 아니라, 실패해도 아픔을 딛고 일어서는 성장과 자기완성의 노력을 중시한다. 기존의 상업적 여성 영웅은 남성에 대한 성적 매력을 발산하는 전형성이 강했다. 큰 가슴에 풍성한 긴 머리카락을 가졌고 팔다리는 과하게 노출되었다. 전투력이 중요한지 성적 매력이 중요한지조차 알 수 없는 비현실적인 캐릭터도 많았다. 물론 아직도 모든 여성 영웅, 아니 모든 영화의 여주인공들은 성적으로 매력적이고 아름답다.

그 대표적인 예가 DC 코믹스의 슈퍼 히어로 원더우먼이다. 원더우먼은 최초의 여성 영웅이고 이후 모든 여성 영웅의 원형이라고 할 수 있다. 하지만 옷차림을 보면 어깨와 팔이 그대로 드러나는 탱크톱에 미니스커트나 삼각 팬츠를 입고 있어 전투복보다는 수영복에 가깝다. 원더우먼의 원조 격인 팬텀 레이디는 더 심하다. 영웅이라기보다는 콜걸처럼 보일 지경이다. 섹시한 비키니 화보처럼 커다란 가슴을 훤히 드러낸 데다, 옆구리까지 트인 모노키니 수영복 콘셉트로 만들어져서다. 원더우먼은 팬텀 레이디를 개선해 망토나 부츠를 구비하기는 했지만, 여성의 성적인 몸매를 상업화한 섹시 전형의 한계를 벗어나지는 못했다.

다른 여성 영웅으로 캣 우먼도 있는데, 그녀는 속살을 노출하지 않는 대신 몸의 선을 과하게 강조하는 옷을 입었다. 그 옷은 전투복이라기보다는 오타쿠 의상 같다. 검정 가죽이나 비닐 소재로 온몸에 딱 달라붙는 옷이어서, 몸매만 도드라지게 할 뿐 활동성도 기능성도 적어 보인다. 반면 적수인 배트맨의 옷은 기능성과 과학성을 고려해 첨단 전투복으로 만들어져 있다. 그러니 처음부터 둘의 게임은 동등할 수가 없다.

그런데 캡틴 마블은 마블 사상 처음으로 여성 영웅이면서 기능성과 활동성이 있는 전투복을 입었다. 지구의 공군 조종사와 우주의 크리족 전사의 옷을 합친 듯한 전투복만으로도, 지금까지 나온 상업 영화의 여성 영웅 중 가장 적절한 복장을 갖춰 입은 영웅으로 평가된다. 대부분의 여성 영웅이 보여 주던 강조되거나 노출된 가슴과 팔다리의 성적인 어필을 걷어내고, 전투가 본업인 이들에게 맞는 전투복을 처음으로 입었다.

〈캡틴 마블〉은 사고로 지구에 살았던 모든 기억을 잃어버리고

'비어스'라는 크리족 전사로 살아가다가 우연한 사고로 1990년대 지구에 불시착하면서 과거의 기억과 정체성을 찾아가는 공군 파일 럿 '캐럴'의 이야기다. 그 과정에서, 남녀에 대한 고정관념 때문에 캐럴이 가족과 갈등하고, 거의 최초의 여성 파일럿이 되고자 직업적 으로 분투하던 그녀의 성장기가 중요하게 다뤄진다. 가족 대신 힘을 실어준 친구, 또 친구의 가족, 지구와 우주의 평화를 지향하는 닉 퓨 리 및 크리족과의 연대도 보여 준다. 인종, 나이, 성별, 종족을 넘는 여러 관계성이 나타난다.

나의 정체성을 구성하는 것은 무엇일까? 지구인으로 태어났지만 지구인의 기억이 다 사라지고 크리족의 기억만이 남아 있다면 그 사 람은 지구인인가 크리족인가? 또 내 가족이 내 진로에 반대하고 성 향을 인정하지 않는 반면, 친구는 나를 있는 그대로 이해하고 내가 가려는 길을 지지해 준다면, 내가 중심으로 삼을 공동체는 어디인 가? 한편, 가족을 보호하는 일과 우주를 구하는 일 중 하나를 택해 야 한다면 나는 무엇부터 할 것인가? 나를 나라고 할 수 있는 것은 나의 내면인가, 아니면 나와 함께 사는 주변 사람들과의 관계인가?

▶ 생물학적 가족과 문화적 가족 사이

〈캡틴 마블〉에는 젠더 전형성이 강했던 20세기 말 캐럴이 여자 라서 겪는 좌절이 잘 드러나 있다. 어릴 때 아버지는 어린이 자동차 경기장에 오빠만 데려갔고, 자동차 경주에서 스피드를 내다 다쳤을 때 불같이 화를 냈다. 커서 비행기 조종사가 되고 싶어 힘든 과정에 도전했을 때, 주변 남자 훈련생들은 여자는 파일럿이 될 수 없다며 캐럴을 조롱하고 모욕했다. 남성에게 맞춰진 조종사의 기준에 도달하고자 힘든 훈련을 계속해도, 누구 하나 힘을 보태 주기는커녕 모두가 차갑게 비웃었다.

크리족의 중심지 할라도 우호적이지 않았다. 직속 상관이자 스승으로 여겨온 욘 로그는 '감정을 버리라'고 지도하고, 슈프림 인텔리전스는 '힘을 통제하라'고 가르친다. 감정을 버리고 힘을 통제하게 만드는 훈련은, 캐럴의 보복을 피하기 위한 안전 장치였다. 외계인 상관과 인공지능은 감정을 우선시하면 합리적인 판단을 내릴 수 없으니, 이성으로 절제하라고 교육하면서 캐럴의 특별한 능력을 봉인해 두었다. 욘 로그는 대련할 때마다 비어스가 특별한 능력을 사용하는 것은 반칙이라고 훈육했다. 사실상 거대한 에너지원을 흡수한 지구인의 힘을 가둬 두고, 크리족의 지시에 따르도록 캐럴을 통제한 것이다. 욘 로그, 슈프림 인텔리전스 둘 다 캐럴이 훌륭한 전사가 되는 데 꼭 필요한 존재인 척하면서, 사실은 크리족의 이해관계에 유리하게 캐럴의 힘을 봉인하거나 조종한다.

그러므로 캐럴에게는 폭발 사고 이전 지구에서의 삶도, 이후 할라에서 비어스로의 6년도 완성된 모습이라고 할 수 없다. 캐럴이 진정한 자기 모습을 되찾은 것은, 자신을 있는 그대로 받아들이고 비난도 통제도 하지 않는 진짜 친구가 있었기에 가능했다. 캐럴에게는 가족이나 주변의 비난도, 외계인과 인공지능의 통제도 없이 캐럴을 그 모습 그대로 받아준 친구 마리아가 있었다. 캐럴은 마리아의 도움으로 자신이 우주 평화를 위한 스크럴족 마벨 박사의 연구 결과인 강력한 코어 에너지를 흡수했고, 또한 크리족이 아닌 지구인이라는 사실을 깨달은 뒤 영웅 캡틴 마블로 우뚝 선다.

많은 영화에서 여자들 사이의 관계는 멋진 남자 하나를 사이에 둔 경쟁 관계거나 질투 관계다. 그나마 결혼 전에는 경쟁하고 질투하던 관계가 결혼 후에는 아예 없어진다. 기혼 여성은 우정보다 남편과 아이에게만 집중해야 하며, 매력적인 여성은 가정을 위협하는 위험한 존재, 남편의 잠재적 외도 대상으로 그려지곤 한다. 하지만 캐럴과 마리아의 관계는 다르다. 마리아 람보는 혼자 딸을 키우는 흑인 여성 파일럿이다. 백인 여성이 주위의 조소와 조롱을 딛고 조종사가 되는 것도 힘들었던 1980년대에, 흑인 여성이 아버지 없는 아이까지 키우며 공군 조종사가 되기란 아마 백인 싱글 여성보다도 몇 배나 더 힘들었을 것이다.

캐럴과 마리아는 피부색도 다르고 결혼 상태, 자녀 여부도 다르지만, 서로에게 진정한 친구면서 같은 직업을 가진 동료다. 생물학적 가족은 젠더박스에 갇히기 싫은 자신을 이해하지 못했고, 동료들은 파일럿이 되고 싶은 그녀의 욕망을 조롱했다. 그러나 마리아만큼은 캐럴의 꿈과 비전을 이해했고 공동의 목표를 향해 함께 달리는 파트너가 되었다. 이 단단한 여성 공동체는, 두 여성이 젠더와 인종의 고정관념을 이겨내고 원하던 직업을 얻게 한 원동력이 되었고, 캐럴이 정체성을 각성하고 무소불위의 우주 영웅이 될 추진력이 되었다. 그러므로 캡틴 마블에게 진정한 가족은 바로 이 여성 공동체라 할 수 있다.

인간의 정체성에 대해 논의하는 방식에는 보통 두 가지가 있다. 생물학적으로 결정된 것이라는 주장과 문화적으로 훈육된 것이라는 주장이다. 단순화하면 유전자냐 교육이냐의 문제다. 그러나 마블은 생물학적 가족이나 스승의 교육 둘 다를 벗어 던지고 주체적으로 자신의 정체성을 확립한다. 이분법적인 생물학적 결정론과 규범적인 후천적 교육론을 극복할 방법을 그만의 방법을 찾은 것이다. 그럼으로써 기존의 잣대나 평가 기준에서 벗어난, 자유로운 주체적 인간상을 구현한다. 새롭게 탄생한 영웅 캡틴 마블은, 물리적 힘 면에서 엄청난 우주적 에너지를 갖고 있고, 자신의 커리어와 가족을 스스로 만드는 지능과 감성이 있으며, 적에게도 관용을 베푸는 도덕적 신인류의 모습을 구현한다.

▶ 인류의 구원과 가족의 안녕 사이

캡틴 마블은 탈로스에게 고향으로 돌아갈 기회를 주기 위해, 지구의 비행기로 그를 우주에 있는 마벨의 연구소까지 데려다준다. 비행기를 우주선으로 개조하는 일은 앞선 기술을 가진 스크럴족 엔지니어가 맡았고, 지구인 조종사 캐럴과 마리아는 이들을 우주 연구소로 이송하는 일을 맡았다. 스크럴과 지구인의 우주적 협동 작전이다. 그런데 이 임무에는 부조종사가 필요하다. 캐럴은 이 일을 마리아에게 부탁한다. 하지만 친구는 선뜻 승낙할 수가 없다. 어린 딸 때문이다.

그럴 수 있다. 딸을 지키는 것은 엄마의 의무이지 권리일 것이다. 하지만 한편 그럴 수 없다. 남자들은 지금껏 아내에게 자녀의 육아와 양육을 맡기고 공직을 수행해 왔고, 그 공직 덕분에 많은 직함과 권위를 누리며 존경도 받아 왔다. 하지만 여자는 육아와 양육에 갇혀 집 밖에서 중요한 임무를 할 기회를 놓치기 일쑤였다. 엄마를 보고 자란 딸은 자연스럽게 엄마의 모델을 따르게 되니, 여자는 집안일이라는 전형은 대물림된다. 이렇게 자란 딸은 커서도 위험하고 중요한 공직에 도전하지 않을 것이다.

지금껏 여성이 위험이 동반되는 특수 직종, 권력의 쟁투가 예견되는 고위 직종에 들어서지 못한 큰 이유에는 모성 신화가 있었다. 자식을 위해 헌신하고 희생하는 모성은 그 자체로 아름답다. 하지만 모성만 강조되어 여성의 전문직 진출 기회를 막아서는 안 된다. 부성도 모성만큼 중요하다. 육아, 양육에는 부부 공동의 노력이 필요하며, 경제적인 것이든 정서적인 것이든 부부가 함께 책임져야 한다. 아버지가 직장에서 돈을 벌고, 어머니는 가정에서 자녀를 돌봐야 한다는 식의 이분법적 사고는 부모 모두를 힘들게 할 수 있다. 또한 이런 전형에서 벗어난 사람들에게 사회적 낙인을 찍을 수도 있다.

사람은 저마다 다르다. 남자라서 사회적 지위를 추구하고, 여자라서 행복한 가정을 원하는 것은 아니다. 모든 여자가 어머니 역할에 만족한다면, 여성 교육은 육아, 양육, 가사, 화목한 가정을 위한 대화법 등 가정 안에서 필요한 것들로만 제한될 것이다. 그렇게 되면 사회적 경제적 고위직 직업 교육이나 위험과 책임이 따르는 정치적 리더쉽 교육이 여성에게 제한될 것이다. 사실 20세기 중후반까지만 해도 여성 교육의 현실은 그랬다. 여성들에게 동등한 교육 기회와 직업기회를 제한한 큰 이유 중의 하나가 바로 '모성 신화'다.

모성 신화는 여성이 직업을 얻게 된 이후에도 영향을 미쳤다. 여성의 일은 남성을 보조하거나 회사의 '살림'을 하는 것으로 제한되곤 했다. 여성의 직업 하면 바로 떠오르는 것이 비서나 안내원 혹은 판매원 같은, 보조직이나 서비스직인 이유도 여기에 있다. 반면 남성들은 대통령, 교황, 수상, CEO, 참모총장 같은 중요한 자리를 맡고 여성들의 보조를 받는다. 누구든 교육과 직업 면에서 가사나 보조업무에 한정된 일만 한다면, 결단과 용기가 필요하고 책임이 큰 임무를 감당할 수 없을 것이다.

엄마가 자신 때문에 우주 임무를 거절한 사실을 알게 된 어린 딸 모니카는 엄마를 설득한다. 자신은 할머니, 할아버지와 있어도 되니 임무에 임하라고 말이다. 개조한 항공기를 타고 우주로 가서, 최첨단 기술을 가진 외계인 적과 대적해야 하는 일이다. 전투가 일어나 부상을 입을 수 있고, 심지어 죽음도 각오해야 한다. 하지만 딸은 엄마를 격려한다. 자신과 소파에 앉아 TV나 보려고 역사적으로 중요한 임무를 포기할 거냐고 되묻는다. 그 순간 마리아는 자신이 딸에게 진짜 보여 주어야 하는 모습이 무엇인지 생각하게 된다.

한국에서는 자식 문제로 직업 경력이 단절된 여성들이 많다. 언젠가 아이가 고등학교 3학년이 되자 수능 뒷바라지를 위해 기업 CEO직을 사직한 여성의 기사를 크게 다룬 신문을 읽은 적이 있다. 기사는 자식을 위해 자신을 희생한 어머니를 예찬하는 데 초점이 맞추어져 있었다. 하지만 다시 한번 생각해 보자. 그게 과연 옳은 선택일까. 자식에게 도시락을 싸 주고 시간 맞춰 학원에 데려다주려고, 평생을 노력해 도달한 기업의 대표직을 포기하는 것 말이다. 자신을 믿고 지지하며 함께 일해 온 동료 직원들, 그리고 해당 기업의 사회적 책임은 중요하지 않은가.

살다 보면 선택해야 할 순간이 많다. 그리고 그 선택에서 중요한 기준이 되는 것은 바로 자신이 지향하는 가치다. 딸을 맡아 줄 사람이 아무도 없었다면, 마리아는 임무를 수행하지 못했을 수 있다. 주변에 도움을 구할 사람과 시설이 있다면, 때로 위험하더라도 가치 있다고 여기는 것에 도전해도 좋을 것이다. 여러분이 마리아였다면 어떤 선택을 했을까.

▶ 나를 만드는 나의 내부와 외부

캡틴 마블은 지구인과 크리족 전사 중 '인간'이기를 택했다. 그런 후에야 인간으로 살던 기록을 보면서 자신의 정체성을 확인할 수 있었다. 나는 인식의 주체고 내가 바로 서야 내 주체성도 가능하다. 그런데 내가 나라고 말할 수 있는 근거는 어디에 있을까. 캡틴 마블의 경우엔 크리족으로서 불완전했던 기억, 지구인 친구의 증언, 과거를 입증할 성장기 사진, 그리고 비행기 잔해에서 발견된 블랙박스가 지구인 캐럴의 증거였다.

누가 만약 "나는 대한민국의 회사원이다"라고 한다면 그것은 자신의 정체성을 말하는 데 국적과 직업을 이용한 것이다. 해외여행을 갈 때 꼭 필요한 것이 여권이다. 여권은 지구 안의 다른 국가들에게 나의 얼굴을 포함해 이름과 국적, 생년월일, 성별, 그리고 현 거주지를 말해 줌으로써 나를 나로 입증할 증명서다. 그런 여권은 내 정체성을 말해 주는 것의 하나라 할 수 있다. 화가나 웹툰 작가 준비생처럼 재능으로 자신을 소개하는 이들도 있고, 종교적 신앙을 내세워 자신을 정체화하는 이들도 있다. 이처럼 나를 나라고 할 수 있는 것들은 DNA 안의 유전 정보보다, 내가 속한 사회적 관계망, 내가 중요하게 생각하는 활동이나 반복된 행위에서 나오는 경우가 더 많다.

한국 사회에서는 어떤 것들로 사람들을 정체화할까. 대표적인 것이 나이와 성별이다. 태어난 연도와 남자인지 여자인지는 주민등록증에 기록될 만큼 어떤 사람의 신원을 파악하는 데 중요하게 쓰인다. 한편으로 그것은 나이와 성별에 맞게 살아야 함을 뜻하기도 한다. 이를테면 나이보다 어려 보이거나 노숙해 보이는 옷차림, 여자가 남자 같은 옷을 입거나 남자가 여자 같은 옷을 입게 되면 따가운 눈총을 받을 수 있다는 얘기다.

하지만 남자 같은 옷, 여자 같은 옷은 원래 없다. 당대가 만들어 낸 관념일 뿐이다. 남자는 짧은 머리에 바지, 여자는 긴 머리에 치마, 혹은 남자는 파랑, 여자는 빨강이라는 생각은, 그저 특정 시대에 굳어진 고정관념에 불과하다. 일례로 프랑스의 태양왕 루이 14세는 붉은색 옷을 즐겨 입었고 허리까지 내려오는 긴 가발을 썼다. 당시 프랑스에서 붉은색은 권력과 힘을 상징했고, 긴 가발 역시 그 연장선상에 있었다. 또한 스코틀랜드의 남자 전통의상 퀼트는 치마 형태다. 남자라고 푸른색만 입어야 하고, 바지만 입어야 하는 건 아니다.

이처럼 성별 구분은 사회적 인식에서 비롯된 것이다. 흔히 남성은 이성적이고 여성은 감성적이라고 하는데, 이런 이분법 역시 교육과 학습을 통해 굳어진 부분이 많다. 감성이 꼭 이성보다 열등한 것도 아니다. 애덤 스미스는 《도덕 감정론The Theory of Moral Sentiments》에서 공감이나 감정이입 같은 감정적 반응도 윤리적일 수 있다고 말한다. 그는 타인에 공감하고 자신도 공감 받을 수 있는 것이 도덕의 기준이 된다는 '공감sympathy의 원리'를 말한다. 어린 아이가 차에 치일 상황에 놓였거나 노인이 길 한가운데서 폐지 리어카와 함께 엎어졌을 때, 생각할 겨를도 없이 누군가 몸을 움직여 아이와 노인을 돕는다. 이런 행동은 사실 이성보다 감정에서 비롯된다. 감정은 여성만의 것도 아니지만, 이성보다 열등한 것도 결코 아니다.

나를 나라고 말할 수 있는 '정체성'의 요소는 유전자나 염색체 같은 생물학적인 것이기보다는, 행동이나 직업 같은 사회적인 것에서 비롯되는 경우가 더 많다. 이름과 성별뿐 아니라 국적, 직업, 거주지, 심지어 하는 활동들마저 사회가 의미를 부여해 형성된다. 어느 시대나 경쟁력 있는 이름과 성별이 있고, 강한 국가가 있고, 유망직종이 있으며, 많은 사람이 몰리는 대도시, 그리고 인기 활동이 있다. 지금은 내 삶의 주축이 되는 직업과 활동뿐만 아니라 여권이 보장하는 이름, 성별, 국적, 거주지까지도 개인이 마음먹기에 따라 변경할 수 있는 시대다. 사회가 그 각각에 어떤 의미를 부여하고 개인이 윤택하고 풍요로운 삶을 살 가능성을 얼마나 부여하느냐에 나를 정체화하는 범주도 바꿀 수 있다.

이렇게 보면 나는 나 자체이기보다는 나를 둘러싼 관계와 환경,

그리고 주변 사람들의 인식과 인정을 통해 형성되는 것이라고 할 수 있다. 내가 선택한 내 정체성은 특정 사회 속에서 특정한 의미를 가지고 특정한 가치로 평가된다. 그래서 인간은 사회적 동물이다.

▶ 4세대 페미니즘의 주체

4세대 페미니즘이 형성되는 데 큰 영향을 끼친 것은, 선악의 이분법이 힘을 잃고 다양한 가치들이 존중받는 시대 분위기와 IT 기술의 발전이다. 누구든 자신의 신념이나 가치관에 따라 정보를 손쉽게 접하고 선택할 수 있으며, 그 정보를 바탕으로 가치관과 신념을 더 공고히 하기가 쉬워졌다. 절대 선이나 절대 악은 이제 없다. 개인은 자신의 관점에 따라 자유롭게 생각을 피력할 수 있다. 그 덕분에 진리도 하나가 아니게 되었다. 이런 배경에서, 페미니즘도 서로 다른 맥락에 있는 여성들에게 주목하며 나아가고 있다.

요즘은 어떤 사건이 일어나면 카페인(카카오스토리, 페이스북, 인스타그램) 같은 SNS를 통해 자신의 생각을 표현하는 일이 흔하다. 유튜브도 대세다. SNS 종류가 다양해지고 이전보다 SNS에 더 접근하기 쉬워지면서 사람들은 빠르게 소식을 주고받을 수 있게 되었고, 그 바람에 공중파 언론의 영향력이 약해졌다. 물론 그중엔 잘못된 정보나 가짜 뉴스도 많아 무엇이 진짜인지 헷갈릴 때도 있다.

다양성을 중시하는 문화는 양면을 갖고 있다. 즉, 어떤 독점적 가치도 인정하지 않기 때문에 개인의 자유를 확대하는 장점이 있는

가 하면, 사리사욕 대신 보편의 이름으로 합의된 하나의 공공 기준을 찾기 어렵다는 단점도 있다. 개인이 자유롭게 논의하는 것을 중요시하는 상황에서는 진리의 상대성을 주장할 수밖에 없기 때문에, 아무리 좋은 가치도 개인의 관점에 따라 폄하될 수 있다. 그 반대로, 보통은 그리 권장하지 않는 가치도 맥락에 따라 지나치게 높게 평가될 수도 있다.

이처럼 '다양성'을 강조할 때의 문제는 공통의 기준이나 공공의 지향성을 도출해 내기 어렵다는 것이다. 개인의 자유는 중요하지만, 어떤 경우엔 모두를 위해 자유가 제한되기도 해야 하는데, 그 선을 설정하기가 어렵다. 인터넷을 보면 가해자와 피해자는 넘쳐나는데, 좀 더 알고 싶어서 페이스북, 유튜브, 지상파와 케이블 채널 뉴스를 찾아보아도 누가 선이고 악인지 분명히 판단할 방법이 없다. 이해관계나 정치 논리에 따라 같은 사실이 다른 인과론을 도출하는 데 악용되기도 한다. 너무나 명백한 가짜 뉴스조차, 믿고 싶은 사람에게는 중요한 자원이다. 심지어 지구가 네모나다고 생각하는 사이트나 동영상도 넘쳐난다. 사람들은 신념대로 검색하고, 빅데이터는 관련 자료들을 추천한다. 확증편향성을 키워간다. 역설적이게도 많은 정보를 대할수록 자신의 신념으로 만든 작은 세상에 더 갇히게 된다. 보편성은 사라지고 개인만 강조되는 다양성의 세계에서는, 고대부터 진리로 간주되던 황금률도 그 의미를 잃는다.

이런 세상이라면, 정의라는 것이 과연 의미가 있고 또 존재하기나 할까? 보편적 의미의 평등이라는 것이 가능할까? 또한 이런 세상에서 페미니즘은 어디로 향해야 할까. 단순히 여성이라고 해서 무조건 희생자로 간주해서는 안 될 것이다. 여러 채널을 비교 검토하여, 오류와 근거 없는 주장을 골라내고, 사실에 다가가기 위해 정보를 선별적으로 수용해야 한다. 하지만 사안마다 이런 과정을 거쳐야 한다면 매우 피곤해질 것이다. 이 과정에 개인의 가치관과 신념이 끼어들지 않으리라 장담할 수도 없다. 그럼에도 끊임없이 의심하는 것 외에 지금 시대를 헤쳐 나갈 다른 방법은 없을 듯하다. 정보가 없어서가 아니라 너무 많아 벌어진 일이다.

캡틴 마블은 이런 상황에 놓인 우리와 닮았다. 지구인으로서 삶과 크리족으로서의 삶 사이에서 갈등, 혼란스러워하면서도 가야 할 길을 찾으려 애쓰는 모습이 말이다. 이런 혼란과 갈등은 일상 곳곳에서 마주할 수 있다. 일례로 우리는 '외계 존재'인 이주민과 난민, 탈북자 등을 지구인으로서 어떻게 받아들여야 할지 갈등한다. 인류에 대한 보편애와 가족 중심주의를 놓고 갈등하는 순간도 많다.

또한 지구인 캐럴과 크리족 비어스 사이에 탄생한 캡틴 마블은 지금 여성의 삶과도 닮았다. 젠더 고정관념을 깨기 위해 노력하고, 누구도 가지 않은 길에 도전하며, 결혼 여부를 떠나 친구와 서로 의존하며 살아가는 모습은, 여성들이 갈 길과 미래의 방향을 보여 주는 듯하다. 그 과정은 결코 쉽지 않았다. 타고난 여성의 몸과 전형적 여성의 고정관념을 강요하는 지구에서의 교육과 사회 풍토, 감정을 버리고 힘을 통제하라는 할라에서의 훈련, 이 모든 것을 극복하고 자신의 길을 찾기 위해 분투했다. 현대를 사는 우리 모두의 모습이기도 하다.

캐럴 댄버스는 여러 번 쓰러졌다. 놀이터에서, 체련장에서, 자동차 경주장에서, 공군 조종사가 되기 위한 연습장과 시험장에서 쓰러지고 다치고 엎어졌다. 코피를 흘리고 무릎이 까지고 얼굴에 상처가 났지만, 다시 일어났다. 중요한 것은 실패 자체가 아니다. 그 실패 뒤에 다시 일어나게 만드는 힘이다. 어쩌면 인생은 그런 실패들의 연속일 것이다. 실패하고 실패하고 또 실패해도 무용지물이 아니다. 다시 한번, 또 다시 한번 노력하고 애쓰고 새로운 방법을 찾아 극복하기 위한 과정이다. 그런 과정 중에 가장 나다운 것을 발견하게 된다. 결과보다는 과정에 집중하고, 사랑하는 사람들과의 관계와 유대감 속에 상호지원을 받을 때, 나는 긍정적 정체성을 확립하고 더 나은 내일을 위해 오늘 쓰러져도 다시 일어날 수 있다.

캐럴이 비어스를 경유해 도달한 캡틴 마블은 여러 가지가 뒤섞여 있는 우주 속 다종성의 혼합이자 연대의 총화다. 캡틴 마블이 있기까지 개인의 노력 외에도 지구인, 크리족 등 다양한 외부의 도움과 영향이 있었다. 이것은 전 지구가 네트워크로 연결돼 서로 영향을 주고받는 지금 상황과도 유사하다. 지금은 남녀 구도보다는 자신의 지향점에 따라 서로 연대하고 협력한다. 이때 가장 중요한 것이 '차이'를 수용하는 것이다. 상대를 지배하여 소유하는 방식이 아니라, 각자 다른 방식을 존중하고 차이를 수용하는 것이 여성과 남성, 젠더 다이버스와 젠더 플루이드, 그 외 여러 다양성이 서로 평화롭게 공존할 해법이다.

차이를 혐오하거나 배척하지 말고 있는 그대로 존중하고 수용한다는 것은 사실은 에너지가 많이 드는 일이다. 내가 살던 세계의 지평을 넓히고 언제나 당연시해 온 문법에 변화를 주어야 하기 때문이다. 캡틴 마블도 이런 시도와 노력을 했고 그 결과 처음에는 적으로 여겼던 스크럴족을 받아들인다. 자신의 동족이라 믿었던 크리족이 실은 독재자고, 스크럴족은 평화를 지향한다는 뒤늦은 인식도 수용한다.

4물결 페미니즘은 젠더의 차이뿐 아니라 외계인 혹은 이종족으로 대표되는 현실 속의 다양한 차이를 인정하고 받아들임으로써 서로가 차별받지 않고 공존할 길을 모색하고 있다. 자유와 평등이라는 이상, 개인의 욕망과 사회의 공공성, 남녀의 같음과 다름, 선천적 섹스와 후천적 젠더 등을 놓고 논쟁하면서 앞으로 나아가고 있다. 거듭 말하거니와, 페미니즘은 모든 사람이 평등하게 살기 위한 노력이다. 여성의 우위를 위해 남성을 차별하자는 것이 아니다. 남녀 혹은 지구인과 외계인 모두가 평등한 조건에서 자신의 원하는 것을 얻을 자유로운 기회가 주어진다면 그것이 바로 페미니즘이 지향하는 이상 사회일 것이다. 다양한 차이가 차별 없이 자유롭게 공존하는 사회, 바로 페미니즘이 꿈꾸는 유토피아다.

함께 보면 좋은 영화

〈캐롤〉(토드 헤인즈 감독, 2015)
〈와인스타인〉(우르술라 맥팔레인 감독, 2019)

3장

한국의 물결 ﹏

우리의 페미니즘은
어떤 성격을 가졌는가?

　이제 한국의 페미니즘 역사를 살펴볼 차례다. 서구 페미니즘의 세대별 분류는 페미니스트 사이에 어느 정도 합의가 되어 있지만, 한국의 경우는 아직 합의된 기준이 없다. 크게는 1970년대부터 지식인을 중심으로 위로부터 시작된 제1의 물결과, 2015년 이후 대중적으로 부상하며 아래로부터 재활성화된 제2의 물결로 나누어 보는 관점이 많은 것으로 보인다. 하지만 이를 달리 보는 관점도 있어서 1920년대 일제 강점기, 1945년부터 1960년까지, 1970년대 민주화 투쟁 시기, 2000년 이후 성폭력 근절 운동, 2015년 메갈리아의 등장으로 인한 리부트로 나누기도 한다.

　한국은 남존여비를 강조하는 유교사상을 국본으로 한 조선 시대에서, 일제 식민지의 근대화 물결을 거쳐, 2차 세계대전의 종전 및 식민지 해방과 더불어, 헌법이 보장하는 남녀의 동등한 참정권과 함께 지금의 대한민국을 시작했다. 해방 직후 강한 이념 대립으로 인해 남북이 갈라졌고, 대한민국은 입헌 민주공화국으로서 헌법을 세우면서 남녀 모두가 동등한 참정권을 확립했다. 해방 후 첫 선거에서 대한민국이 1948년에, 조선민주주의인민공화국은 1946년에 여성에게 선거권을 부여했다. 근대 국가로서 남녀에게 평등한 법은 구비되어 있었지만, 사실상 뿌리 깊은 전근대적 관습과 남녀 차별, 그리고 유교적 사고방식은 여전했다.

대한민국에서 거슬러 올라가 한반도에서 여성주의가 처음 태동한 것은 1920년대 일제 강점기라 할 수 있다. 이 당시 여성 운동에는 자유주의 여성 운동, 사회주의 여성 운동, 기독교 여성 운동 등이 있었다. 당시의 선구적 페미니스트로는 유럽과 미국 여행을 통해 서구 여성을 직접 보고 돌아와, 자신의 경험을 바탕으로 여성의 성 역할에 대해 질문하고 탐문해 온 신여성 나혜석이 있다. 당시 자유주의 여성 운동가는 결혼제도와 정조론을 비판했고, 결혼과 연애의 자유 및 성적 자유를 주장했다. 사회주의 여성 운동가는 가정이나 순결주의로부터의 해방을 주장했다.

1927년에는 사회주의와 기독교의 여성들이 모여 여성 근우회를 만들었다. 1927년 5월 27일, 서울 종로 한복판에 위치한 기독교청년회관에 1000명이 넘는 사람들이 모여 조선 최초의 본격적인 여성운동 조직인 '근우회'가 탄생했다. 근우회 선언문은 조선에서 여성의 지위가 한층 저열하다는 것을 함께 인식하고, 여성들이 단결하여 여성 해방을 이룰 것을 다짐했다. "우리의 앞길이 여하히 험악할지라도 우리는 일천만 자매의 힘으로 우리의 역사적 임무를 수행하려 한다. 여성은 벌써 약자가 아니다. 여성은 스스로 해방하는 날 세계가 해방될 것이다. 조선 자매들아 단결하라!" 1959년에는 한국여성단체협의회도 만들어졌다.

이런 활동들을 바탕으로 제1의 물결 페미니즘 운동이 대학에서 '여성학' 혹은 '페미니즘'이라는 이름의 학제적 지식 담론으로 등장한 것은 1970년대였다. 서구에서 1960년대부터 시작된 제2의 물결 페미니즘의 영향을 받았다고 할 수 있다. 대학의 연구자와 대학

원생, 활동가와 작가는 여성의 삶과 경험 속의 불평등에 대해 말하는 글을 쓰기 시작했다. 1977년 이화여자대학교의 학부과정에 처음으로 여성학 교과목이 처음으로 생겼다. 1989년에는 19개 대학에서 여성학 강의가 개설되었고, 1996년에는 100개 이상의 대학에서 여성학 관련 강의가 개설되었다. 여성의 삶과 경험을 학문적으로 논의해 지식 생산과 교육으로 연결하고, 거기서 페미니즘의 정치적 힘을 얻고자 했다.

초기 페미니즘의 학문적 이론체계는 남성의 경험을 보편 인간으로 상정하고, 이성과 합리성에 기초해 상호이해와 존중을 하는 독립적이고 자율적인 인간, 즉 '보편 인간'을 남성으로 보았으므로 초기 계몽주의의 성격이 강했다. 여성의 성차를 드러내기보다는 남녀의 공통되고 평등한 인권에 대해 논의했다. 서구식 인권 및 평등사상과 함께 영미 페미니즘의 물결이 한국으로 유입되면서, 한국에서 처음으로 본격적인 페미니즘 논의가 일어나기 시작한 것이다. 해방 이후 미국과 우호적인 관계를 맺으면서 미국의 사상이나 이론도 수입되는 과정에서 페미니즘이 대학의 지식 담론으로 자리 잡기 시작한 이유도 있었다. 전통적 유교 사상이 지배하는 완고한 가부장제 사회에, 미국식 평등주의가 변화를 가져온 것이다.

1970, 80년대의 페미니즘은 대학을 중심으로 일어났다. 독재에 저항하는 민주화 학생운동, 자본가에게 억압받는 노동자의 노동 운동은 기본적으로 민주주의와 평등을 지향했다. 그리고 각 대학에서 '여성학' 강좌가 개설되면서 대학 강단을 통해 소개되고 자리를 잡아 갔다.

하지만 현실은 여전히 가부장제와 성별 분업이 강했다. 당시만 해도 여자는 반드시 결혼해서 아이를 낳아야 한다고 생각했다. 아들을 낳지 못하면 대가 끊겨 조상 볼 면목이 없다고 자책할 정도로 남아선호 사상도 강했다. 그래서 아들을 낳을 때까지 혹은 아들을 더 낳으려고 계속 낳다가 다산을 하는 경우도 많았다. 남아선호 현상은 당시 아이들의 이름에도 반영되었다. 남동생을 기원해 여자아이의 이름을 길남으로 짓거나, 여자애를 그만 낳고 싶은 바람을 담아 끝순이나 막례로 짓기도 했다.

1970, 80년대만 해도 한국은 경제적으로 어려운 나라였기 때문에 국가는 피임법을 보급하고 산아 제한 정책을 실시했다. 살림은 빈궁한데 가정에서는 아이가 많고, 남아선호 사상이 강하다 보니 양육과 교육은 아들에게만 몰아주었다. 딸들은 살림 밑천이 되거나 아들의 학비를 버는 수단이 되기 쉬웠다. 시집가면 남의 집 사람이 되는 것이고, 죽어도 시가의 귀신이 되어야 한다고 생각하던 때였다.

페미니즘이 강단에서 먼저 소개된 것은, 생활 깊숙이 밴 남존여비 사상을 개선할 수 있는 방법이 교육뿐이었기 때문이다. 학교는 공신력과 권위를 인정받는 곳이므로 이곳을 통해 전파되어야 남녀 불평등을 해소하는 데 용이하리라 생각했던 것이다. 그렇다 보니 유학을 다녀왔거나 서구의 평등사상을 공부한 대학 교수와 학자들이 페미니즘의 주요 전파자였다. 대학생들은 졸업 전에 이수해야 할 필수 교과목으로 성 평등에 관한 강의를 들어야 했다. 성 평등 사상에 자극을 받은 학생들도 페미니즘에 관해 더 연구하기 위해 유학을 떠나곤 했다.

당시엔 지금과 달리 대학 진학률이 낮았고, 대학 교수뿐 아니라 대학생 또한 사회적으로 큰 존중과 인정을 받았다. 그런 만큼 최고의 고등 교육 기관에서 학문에 종사하는 이들은, 그 당시 완고하게 자리 잡은 남존여비 사상을 전복시킬 열쇠를 쥐고 있었다. 이 시대 대학을 중심으로 한 학문적 권위는 근대 이후 서양의 계몽주의와 인권 사상에서 출발한 것이고, 미국과 유럽의 평등사상에 기반을 두고 있다고 할 수 있다.

제1의 물결 페미니즘 운동의 첫 번째 흐름은 1970년대에 활동을 시작해 1980년대 초반에 자리 잡기 시작했다. 1983년에는 선구적인 여성운동 단체로 꼽히는 '한국 여성의 전화'가 설립되었다. 여성의 전화는 성폭력, 가정폭력, 성매매 등 '반성폭력 운동'을 표면화했다. 권위주의 체제에 대항하던 시대적 흐름에 편승하여, 여성의 억압 상황을 개선하라는 목소리가 커져 갔고, 다른 여성단체들도 빠른 속도로 생겨났다. 다양한 여성단체의 등장은 1987년 '한국여성단체연합'(여연)으로 이어졌다. 여연은 단체들 사이의 의견을 조율하고 집단적 영향력을 행사할 수 있는 전국적 조직이었다. 여러 대학의 각종 여성학 관련 교과 교육은 여성의 평등한 권리에 대한 인식을 높이고, 기존 역사에서 남성의 관점을 비판하거나 여성의 관점을 재조명했다.

제1의 물결 페미니즘 운동은 1990년대에 다시 한번 새롭게 부상했다. 이번에는 여성이 인간으로 보편화된 남성이 되려는 노력 대신 여성만의 차이를 인정하고 현실의 여성이 겪는 성적 불평등에 주목했다. 반성폭력 운동이 활성화되었고 성폭력 사건이 주요 의제에

올랐다. 1990년대 중후반에는 군가산점 폐지 운동이 시작됐다. 여성단체들은 군가산점제가 여성만의 문제가 아니라, 시민사회 전체가 주목해야 할 평등권의 문제라고 주장했다. 반성폭력 운동의 결과로 1994년 성폭력특별법이 제정됐고, 1998년 여성특별위원회가 설치됐다. 1999년에는 군가산점제가 헌법재판소의 위헌 판정을 받았다.

이대 사회학과 교수이자 한국여성단체연합 회장을 역임한 이이효재는 호주제 폐지에 앞장섰고 1997년부터 부모의 성 함께 쓰기 운동을 이끌었다. 2000년대 초반에는 호주제 폐지와 관련된 작업을 차근차근 진행해 나갔다. 2000년 9월 137개 여성·시민사회단체가 '호주제 폐지를 위한 시민연대'를 발족하고 호주제 위헌소송을 준비한 것이다. 드디어 2005년 호주제 폐지를 주요 내용으로 하는 민법 개정안이 국회 본회의를 통과하면서 호주제는 역사속으로 사라졌다. 한편 당시 여성주의 운동에 대한 비판도 제기되었다. 여성 문제에 관한 정책 집행이 양성간의 평등을 지향하고 예산 편성에서도 여성을 고려하는 방향으로 발전하기 시작은 했지만, 여성 운동이 제도권 안으로 들어가면서 급격히 탈급진화되었고 페미니즘 운동의 활력이 떨어졌다는 비판이었다.

이처럼 제1의 물결의 두 번째 흐름은 자유주의의 흐름을 타고 일어났으며, 일부에서는 온라인을 중심으로 나타나서, 그간 활력이 떨어진 기존 운동에 대한 비판의 바람으로 등장했다. 1990년대 온라인 네트워크를 기반으로 한 '영 페미니스트'들이 등장한 것이다. 이들의 대표적 활동으로는 온라인 커뮤니티인 '언니 네트워크', 여성의 생리를 터부시하던 사회 분위기에서 여성의 몸을 말하고 축제의 장을 만든 '월경 페스티벌', 운동권 내 성폭력 타파를 목표로 한 '100인 위원회', 영상을 통한 여성 읽기를 시도한 '여성영상집단' 등이 있었다. 영 페미니스트들의 운동은 기존의 체제나 제도 변화의 여성 운동 형태를 취하지 않고 개별적이고 산발적으로 나타났기 때문에, 예전 방식으로 보면 큰 가시적 성과를 내지는 못했다. 그러나 과거 방식과 달리 온라인이나 축제 같은 새롭고 다양한 방식을 활용했다는 평가도 받는다.

제1의 물결의 세 번째 흐름은 2000년대 신자유주의의 흐름을 타고 자본주의적 경쟁과 여성 개개인의 성취에 더욱 주목했다. 1997년 외환 위기로 한국이 IMF에 구제금융을 요청하면서 경제적 상황의 위기가 가시화되기 시작했다. 이제 승자독식 체제의 무한경쟁에서 생존의 위기와 공포를 알게 된 사람들은 약자와 소수자에 대한 혐오와 분노를 전면화했다. 특정 여성을 특정 집단으로 유형화하거나 범주화해서 싸잡아 가하는 비난이 커져갔고, 모든 사회적 문제는 개인의 노력으로 극복해야 한다는 개인주의적 해법이 모색되었다. 너무 개별화되다 보니 때로 페미니즘은 좌표를 잃고 사라진 것처럼 보이기까지 했다.

제2의 물결 페미니즘은 페미니즘의 대중화 및 '영영 페미니스트'의 시대와 함께 왔다. 이들은 2015년 온라인 커뮤니티 '메갈리아'의 탄생으로 등장했고 주로 온라인을 기반으로 활동했다. 그래서 넷페미 혹은 디지털 페미니스트라고도 할 수 있다. 때로는 신자유주의의 무한경쟁 속 헬조선에서 생겨났다는 이유로 자조적인 의미에서 헬페미라고 불리기도 한다.

한국의 제2의 물결 페미니즘은 2015년 메갈리아의 결성과 2016년 강남역 살인사건을 중심으로 다시 활성화되었다. 개개인이 아닌 여성 공동체를 온라인과 오프라인으로 소환하면서 대중적으로 자리잡기 시작한 것이다. 2017년 낙태죄 폐지 등의 이슈를 거치면서 온라인 네트워크를 실제 삶의 거리로 연결해 광장에서 서로 함께 연대하는 목소리를 내기도 했다. 제2의 물결 페미니즘은 미러링 전략으로 격렬한 온라인 논쟁과 혐오 담론을 확산하여 대중적 관심과 함께 반발도 낳았지만, 그만큼 성과도 가져왔다. 국가정책, 대학 교육 등 지금껏 고위 공직자나 학자, 정부 관료나 각종 여성단체의 지도자를 중심으로 위에서부터 아래로 이루어지던 페미니즘 운동을 아래로부터 확산하고 수평적으로 대중화했으며, 온라인 모임을 오프라인의 거리 운동으로 연결했다는 점에서 긍정적 평가를 받는다.

정리해보면 한국에서 여성주의 논의는 1920년대 신여성의 도입으로 첫발을 떼면서 처음 도입되었고 이런 선대의 노력이 기반이 되어 1970년대에 첫 번째 페미니즘의 물결이 시작되었다. 대학의 민주화 운동, 노동 운동의 흐름을 타고 대학 강단에서 교수나 학자가 만든 여성학 관련 교과를 중심으로 번져갔다. 민주화 운동에는 기본적으로 평등한 인권 사상이 있었고, 그런 흐름 속에 대학에서 여성학이나 여성 관련 학문 교과가 생기면서 서구 페미니즘 사상이 국내에 학문적으로 확산된 것이다. 제1의 물결의 첫 번째 흐름은 '평등주의'를 중심으로 흘러갔다.

한편 1990년대에 어느 정도 양성평등 정책이 정착되면서 제도권으로 들어간 페미니즘 운동은 이제 권위적이라는 비판을 받았고, 그에 반발하는 이들이 생겼다. 이 새로운 페미니스트들은 강단이나 정부 정책의 권위를 거부하고, 대학교 학생회나 온라인 네트워크 연대를 중심으로 활동했으며, 모든 제도화를 거부하면서 경험을 자료로 남기지 않는 방식으로 활동함으로써 앞선 페미니즘과 자신들을 구분했다. 이들은 이전 세대와 자신을 구분하면서 스스로를 '영 페미니스트'라고 불렀다. 제1의 물결 두 번째 흐름은 권위에 저항하면서 '자유주의'를 중심으로 흘렀다.

2000년대의 페미니즘, 즉 제1의 물결의 세 번째 흐름은 신자유주의의 흐름을 타고 '개인주의'의 방식으로 나타났다. 자본주의의 각자도생이라는 사회 분위기 속에 모든 문제는 개인의 문제로 치부되었고, 상대적으로 공동체나 집단으로서의 여성 연대는 사실상 약화된 면이 있었다. 사회 계층의 변동이 힘든 현실 여건 속에 각자 각종 스펙을 쌓는 무한도전과 무한경쟁이 강화되고, 살아남아야 할 개인의 노력만이 강조되었다. 한편 군가산점 제도가 위헌 판정을 받고, 호주제가 폐기되면서 사실상의 남녀평등이 이루어졌다는 생각이 지배적인 것이 되었다. 페미니스트나 페미니즘 학자들이 정부 관료로 편입되면서 페미니즘 운동이 완성되었다고 여겨졌다. 오히려 경쟁에서 상대적으로 기득권을 잃은 남성들은 일부 여성에 대해 분노와 혐오를 키워갔다. 그에 따라 특정 여성을 여러 방식으로 범주화하면서 조롱, 비하하거나 혐오하는 시대 분위기가 확대되었다.

2015년 이후 '영영 페미니스트'가 등장하면서 페미니즘이 다시 한번 대중적 관심을 모았다. 이른바 새로운 제2의 물결이 온 것이다. 이들은 한국이 신자유주의 시대의 개인주의를 거치면서, 기존 페미니즘은 현실 속의 여성 위상의 향상된 변화를 크게 이끌지 못했다고 비판했다. 정부나 강단의 제도적 노력과 학문적 실천도, 온라인 커뮤니티나 대학교 학생회의 행동주의도, 일정 정도 남녀평등이 안정적으로 제도화된 이후의 개인주의적 지향도, 사실상 현실 속 여성의 삶을 남성과 대등하게 만들지 못했다는 근본적 비판이었다. 새로운 페미니즘은 많은 경우 생물학적 여성만이 페미니즘의 행동 주체라는 '급진주의' 노선을 취했다. 급진주의 페미니즘은 각종 온라인 논쟁을 통해 대중적으로 확산되고 뜨거운 찬반 토론 속에 가시화되었다. 이것을 페미니즘의 리부트로 보기도 했다.

크게 보면 한국의 페미니즘은 1970년대에 시작된 제1의 물결 페미니즘과 2015년에 시작된 제2의 물결 페미니즘으로 나눌 수 있다. 하지만 세대 간의 좀 더 세밀한 차이를 중심으로 본다면 (올드) 페미니즘, 영 페미니즘, 그리고 다시 영영 페미니즘의 방식으로 재활성화되었다고 말할 수 있겠다.

내 꿈을 다른 사람이 대신 이룰 수는 없다: 〈무소의 뿔처럼 혼자서 가라〉

앞서 설명했듯 제1의 물결 페미니즘은 1970~80년대 대학가를 중심으로 일어났다. 박정희 독재 정권이 집권하던 시대였기 때문에 이에 저항하는 민주화 투쟁이 일어났고, 노동자 문제를 해결하기 위한 마르크스주의에 관심이 높았다. 페미니스트들은 대학가의 민주화 운동 및 노동 운동과 밀접하게 협력하기도 했다. 독재가 사라지고 민주화가 실현되면 여성의 평등도 이루어질 것으로 믿었기 때문이다. 노동자로 대변되는 무산 계급을 중심으로, 자본주의 체제의 모순과 독재 정부의 문제도 고발하려 했다. 무산자와 유산자의 계급 갈등이 해소되면 남자와 여자의 위계도 사라지리라 여겼다. 마르크스주의와 페미니즘은 적어도 경제 계급과 성별을 넘어 모든 인간이 평등을 누려야 한다는 점에서 뜻을 같이했다.

다른 한편, 유산 계급의 해외 유학파 지식인을 중심으로 한 여성 운동도 펼쳐지고 있었다. 모든 인간이 평등하다는 보편성이 기본 전제였지만, 이들은 그중 여성만이 갖고 있는 고유성과 독자성을 '또 하나의 문화'로 강조했다. 이들은 출판을 비롯해 다양한 문화 활동을 펼쳤다. 이들은 여성이라는 특수한 장점과 특성을 전면화하고자 했고 이런 경향은 학술, 문화, 출판 분야의 활동으로 이어졌다.

독재 정권에 저항하는 무산자 중심 운동과 유산 계급의 해외 유학파 운동은 성향이 약간 달랐지만, 이 두 운동의 결과로 1970년대의 대학가에 여성학 강의가 개설되기 시작했고, 1980년대에는 이런 종류의 강의가 급속히 확산되었다. 이 당시 여성학이나 페미니즘 이론은 대학교수와 학자 혹은 대학원생을 중심으로 형성된 지적 성향이 강했기 때문에, 기득권 지성인의 보수적 성격도 보였다. 대체로 제도 교육에 순응하고 이분법적 성 고정관념을 수용했으며, 중산층 이성애자와 전통적 가족을 중심으로 논의를 형성했다. 페미니즘의 주체는 인류의 절반인 여성이었고, 시대적 제약 때문에 가정 내 성별 분업과 가부장적 가족제도를 인정했다. 체제를 변혁하고 다양한 성의 가능성을 타진하기보다는 기존체제 안에서의 남녀평등이라는 다소 제한된 목표 의식을 보였고, 양성평등이라는 정치적 올바름을 추구했다.

페미니즘의 정치적 올바름은 남성뿐 아니라 여성도, 모든 일에 평등하고 공정하게 접근할 기회를 누려야 한다는 데서 온다. 하지만 한국에서 제1의 물결 페미니즘은 전통적 유교 사상을 극복할 방법으로 영미 이론을 제시했을 뿐, 그런 페미니즘 사상을 교실 밖에서 현실화하진 못했다는 한계를 안고 있었다. 여전히 대부분의 학급 반장은 남학생, 부반장은 여학생이었고, 전교 회장은 남학생, 부회장은 여학생이었다. 즉 1980년대까지만 해도 페미니즘은 현실에 뿌리를 내리지 못한 것이다. "암탉이 울면 집안이 망한다"는 남성 중심 사상에 맞설 남녀평등의 사상적인 기반은 마련했지만, 현실에서는 여자가 아무리 잘나도 남자 뒤에 서고, 집안의 가장은 아버지인 것이 자연스러웠다.

이렇게 해결되지 못한 현실 속 성 평등 문제는 다른 운동의 방향성을 도입하게 만들었다. 제1의 페미니즘 물결안에는 남녀평등을 향한 제도적 학문적 변화의 노력이 한편 있었고, 다른 한편으로는 그런 방식이 남성과 똑같은 정부나 대학의 권위주의에서 비롯된다는 비판도 있었다. 그러나 권위를 배척하는 자유주의와 개인주의가 신자유주의적 자본주의의 확대에 편승하자, 페미니즘의 의제는 여성 공동체가 아닌 개개인의 능력 문제로 축소되었다. 반작용으로 한국 페미니즘의 제2의 물결이 나타났고, 과거의 방식으로는 실제 현실에서 여성의 지위나 상황을 별로 개선하지 못했다고 비판한다.

한국에서 제1의 물결 페미니즘의 첫 번째 흐름은 서구적 근대화 흐름을 타고 민주주의 운동과 계급 해방론, 그리고 여성학이라는 제도적 학문의 확산을 통해 발전했고 1970~80년대에 대학가의 고등 교육 담론을 통해 활성화되었다. 이 물결은 기본적으로 근대적 계몽 주체의 인권을 바탕으로 모든 인간의 평등을 주장했다.

그러나 학교 안에서 가르치고 학습하던 평등은, 대학 졸업 후 그동안 배운 것과는 전혀 다른 현실의 벽에 부딪힌다. 막상 대학을 졸업하고 취업 시장에 뛰어 들어가 보면, 여성에게 나타나는 제한된 고용기회나 임금 불평등의 현실, 열심히 일하는데도 매번 승진에서 불이익을 당하는 유리 천장 등의 차별을 마주하게 된다. 결혼을 할 경우 문제는 두세 배로 확대된다. 직업을 가사 및 육아와 병행하는 고충, 시가의 전통적 성별 고정관념에도 부딪치는 것이다. 학문의 자유가 보장되는 학교 밖에서 세상의 민낯과 마주하다 보니 이 세상이 여성에게 얼마나 불리하게 구조화되었는지 실감하게 된다. 대학 졸업 후 취업, 결혼, 출산과 육아, 시가 갈등 문제는 이후 세대들도 공감하는 문제다. 이렇듯 이론과 사뭇 다른 현실의 여성 상황을 보면, 페미니즘은 아직도 계속 추구되어야 할 미완의 과제다.

— ⬜ ✕

〈무소의 뿔처럼 혼자서 가라〉 줄거리 요약 (오병철 감독, 1995)

1990년대 대한민국의 서울, 명문대 동창인 혜완, 경혜, 영선은 대학 방송국 동기이며 단짝 친구들이었지만 이제 30대가 되어 각자의 삶을 살고 있다. 대학 시절 셋은 지성과 미모가 뛰어났고 각자의 꿈을 향해 매진하는 똑똑하고 강인한 여성 친구들이었다. 우연히 알게된 영선의 자살 시도가 계기가 되어 다시 만난 이 세 명의 여성은 이론과 달리 현실 속에 여전히 존재하는 젠더 불평등을 체감하고 그것을 극복하고자 몸부림친다. 각자 사랑과 결혼, 직업과 성공, 가사와 자녀 양육 등 현실의 삶에서 부딪히는 부조리를 겪고 그 문제를 타파할 해법을 모색한다.

혜완은 경제를 책임질 테니 출판사를 그만두고 아이 양육에만 전념하라는 남편과의 갈등 중에, 교통 사고로 아이를 잃고 남편과 이혼한 상태다. 작가로서 경제적으로 독립도 했고 배려심 많은 애인과 연애 중이지만 여전히 결혼은 두렵다. 경혜는 의사 남편을 만나 경제적으로도 풍족하고, 아나운서로서 직업 커리어도 성공적이지만, 출산 후 잠자리를 비하하는 남편의 모욕을 견디고 산다. 각자 바람을 피자며 애인과의 연애를 공공연히 밝히는 남편의

행동은 성적 수치심을 주고, 맞바람을 고민하다가 상대 남자의 아내가 출산을 앞두고 있다는 사실에 포기한다.

가장 꿈이 많고 똑똑했던 영선은 러시아 유학 중 임신하면서 자신이 쓴 졸업작품 시나리오를 남편에게 줘서 남편을 졸업시키고, 자기 대신 남편을 유망한 신진 감독으로 만든다. 자신은 가정주부로 아이들을 키우며 살지만, 포기하지 못한 꿈에 대한 미련과 남편에 대한 의존, 남편의 외도 의심으로 고통스럽다. 우울증과 알콜 중독에 시달리던 영선은 자살을 시도했고, 그 사건이 십여 년의 세월을 넘어 이들 셋을 다시 만나게 했다. 셋의 우정으로 영선의 문제는 호전되는 듯 보이지만, 갈등 끝에 끝내 영선은 자살을 택한다. 혜완은 영선을 기리고자 영선이 쓰려던 시나리오의 제목 '무소의 뿔처럼 혼자서 가라'를 그대로 가져와 동명의 소설을 쓴다.

〈무소의 뿔처럼 혼자서 가라〉는 1993년 출간된 공지영의 소설이 원작인데, 당시 엄청난 인기에 힘입어 영화화되었다. 소설 《무소의 뿔처럼 혼자서 가라》는 한국 사회에서 억압당하며 살아가는 여성들의 삶을 그림으로써, 당시 페미니즘 논쟁에 불을 붙인 작품이다. 원래 '무소의 뿔처럼 혼자서 가라'는 부처가 열반에 들기 전 최후 유훈인 "제행이 무상하니, 방일하지 말고 정진하라"와 통하는 정신인데, 소설의 말미에서 페미니즘의 지향점으로 제시된다. 불경 《숫타니파타》에 나온 것처럼 번뇌의 매듭을 끊고 홀로 정진하라는 불교의 가르침이다. "모든 것이 변하니 묵묵히 꾸준히 정진하라"는 것이다. 이는 1세대 페미니즘의 교육을 받은 여성이 10년 뒤 사회에서 마주한, 부조리한 성적 불평등의 현실에 대처할 해법으로 보인다.

혜완, 경혜, 영선은 똑똑하고 현명하며 강인하다는 공통점이 있는 대학 때의 절친한 친구들이다. 스무 살 때 교내 방송국 활동을 하면서 친해졌다. 이들은 방송국의 한 선배와 서로 모른 채 동시에 연애했다. 이 선배는 고향집, 변산 바닷가, 선운사 숲속, 사보이 호텔이라는 똑같은 코스로 후배들의 연민을 자극해, 같은 시기에 세 명과 성관계도 맺었다. 친엄마의 죽음, 세 번째 새엄마, 배다른 오형제 등 불우한 환경으로 동정심을 자극해 연애에 이용하는 남자였다. 다행히 혜완의 예리한 관찰 덕분에 상황이 탄로난다. 세 친구는 이 일을 계기로 각자 다른 사람과 새 인생을 결심한다. 혜완은 동갑내기 대학 동창과, 경혜는 부유한 노총각 의사와, 영선은 가난한 영화감독 지망생과 결혼해 가정을 꾸린다. 그 시절 혜완은 절충주의, 경혜는 현실주의, 영선은 이상주의자였다.

삶이 안정된 30대 초반의 어느 날 혜완은 연락이 소원했던 경혜에게서 전화를 받는다. 영선이 자살 기도를 했다가 실패해 병원에 입원했다는 소식이었다. 이 사건을 계기로 셋은 오랜만에 재회한다. 그리고 영선이 알코올 중독과 우울증, 의부증에 시달려 왔다는 사실을 알리면서, 셋은 각자 그간의 삶을 꺼내 놓는다. 이날의 일로 남자는 헤어지면 그만이지만 친구는 오래 간다는 것을 깨닫는다. 당시 여자의 우정은 결혼 전까지일 뿐이라고 믿던 시대였기 때문에, 여성들 간의 우정을 보여 준 점이 주목을 끌었다.

혜완, 경혜, 영선 세 여성의 삶은 가부장제가 재능 있는 여성들의 삶을 어떻게 옭죄어 가는지 잘 보여 준다. 1980년대에는 대학에 진학하는 여성이 점차 많아졌고, 대학을 졸업할 때까지는 남녀평등의 실현에 이상이 없어 보였다. 그런데 직장과 결혼에 발을 들여놓는 순간, 교실과 캠퍼스의 평등은 교과서에만 나오는 이상에 불과하다는 사실을 깨닫게 된다. 배움과 다른 현실 속에 '무소의 뿔처럼 혼자서 가라'는 영선이 쓰려했던 시나리오의 도입부다. 어쩌면 영선은 다시 시나리오를 써 결혼 때문에 이루지 못한 꿈에 재도전한 것인지도 모른다. 혜완은 영선을 살릴 수도 있었을 이 미완의 글을, 소설로 완결한다.

《일곱가지 여성 콤플렉스》에 따르면, 여성들은 착한 여자 콤플렉스, 신데렐라 콤플렉스, 성 콤플렉스, 외모 콤플렉스, 지적 콤플렉스, 맏딸 콤플렉스, 슈퍼우먼 콤플렉스에 시달린다고 한다. 학교에서는 착한 여자, 직장에서는 슈퍼우먼, 결혼 전에는 살림 밑천, 결혼할 때는 신데렐라 아니면 평강공주가 되어야 한다. 결혼 후에는 낮에는 지성과 미모를 겸비한 현모양처, 밤에는 섹시한 요부가 되라는 압박에 시달린다. 누구라도 이 모든 것을 한꺼번에 해낼 수는 없다. 남자라면 좋은 직장 하나로 족할 일을, 여성에게는 몇 배의 조건이 얹어진다. 그 바람에 여성들은 이쪽저쪽 길을 헤아려 볼 여유도, 자신이 가고 있는 길을 내다볼 겨를도 갖기 어렵다.

어릴 때 봤던 사랑을 다룬 동화나 만화 영화 혹은 드라마는, 한결 같이 남자와 여자 주인공의 결혼으로 끝났다. 그래서 사랑하면 반드시 결혼해야 한다고 생각했다. 사랑하는데 결혼하지 못하면 안타깝고 슬플 뿐만 아니라 사랑의 실패라고까지 여겼다. 언제나 동화의 공주들은 한눈에 공주의 외모에 반해 사랑에 빠진 왕자와 결혼하고, 영원히 행복하게 산다.

그러던 어느 날 문득 이런 생각이 들었다. '사랑하면 다 결혼해야 하는 건가? 그럼 여러 번 사랑에 빠지면 결혼도 여러 번 해야 하는 걸까? 어떻게 평생 80년을 넘게 살면서 한 사람만 사랑하며 살 수 있을까? 20대 동안 사랑한 사람만 해도 몇 명 되지 않을까?'

사랑의 완성이 결혼이라는 생각은 어린아이일 때부터 무의식 속에 각인된 반복된 학습효과의 결과였다. 언제나 여주인공은 아름답고, 남주인공은 역경을 딛고 그 여주인공과 결혼한다. 다시 말해 이야기는 언제나 남자 관점이고, 당연히 주인공도 남자다. 여주인공은 남주인공이 임무에 성공했을 때 주어지는 보상에 불과하다. 결혼 후 공주가 직장에 다니거나, 사업을 하거나, 국정을 운영하는 동화는 어디에도 없다. 여자가 노력 끝에 원하는 것을 이루고 남자까지 덤으로 얻었다는 만화 영화도 없다. 드라마나 영화도 언제나 아름다운 여성은 사랑만을 원하며, 사랑의 종착지는 결혼이라고 말한다.

이런 동화를 읽다 보면, 여자의 인생 목표는 아름다워져서 유능한 남자의 눈에 들고, 그 남자와 결혼해 모든 인생을 그 결혼에 바쳐야 할 것 같다. 신데렐라와 백설공주는 왕위 계승 문제나 권력 구도 투쟁에 개입한 적이 없고, 인어공주는 자신의 목숨을 구하면서 사랑도 얻을 계책을 스스로 짠 적이 없다. 공주들은 운 좋게 유능하고 멋진 왕자를 만나면 평생 행복이 보장되지만, 실패하면 불행한 삶으로 끝난다. 아이들은 이런 동화와 만화 영화, 드라마와 영화를 보며 미래를 그리고 꿈꾼다.

실제로 여성이 직업을 가질 수 없던 시대에는 결혼만이 안정되고 풍요로운 삶을 살 유일한 기회였다. 어릴 때는 아버지, 결혼 후에는 남편의 경제력과 사회적 지위에 큰 영향을 받았다. 그러다 근대에 들어서 계몽주의 사상이 퍼지면서 여성도 남성처럼 고등교육을 받게 되었고, 이론적으로는 고위직, 전문직에도 종사할 수 있게 되었다. 직업이 있다는 것은 경제적 독립을 의미한다. 직업이 없으면 결혼만이 삶의 대안이지만, 직업이 있는 사람은 결혼 여부를 자기 의사대로 선택해서 할 수 있다. 19세기 후반까지도 영국의 여자는 결혼하면 재산이 남편의 명의가 되고 이혼권도 없었다. 심지어 딸에게는 직접 재산을 상속할 수 없는 한사상속이라는 제도도 있었다.

그렇다면 사랑의 결과로 이룬 결혼 이후의 실제 삶은 어떨까. 둘 다 직업이 있을 경우, 남자에게 결혼은 살림과 출산, 육아와 정서적 지원을 해 줄 천군만마를 얻는 일이다. 반면 여자에게는 살림과 출산, 육아와 돌봄 노동까지 해야 하는 큰 부담이다. 결혼 후 남자는, 특히 자녀를 둔 후엔 가장으로 인정받고 사회적으로 안정권에 든다. 반면, 여자는 일과 육아를 병행할 수 없어 회사를 그만두면서 사회적 자아를 잃게 된다.

이른 나이에 결혼한 친구에게, 결혼하니 무엇이 달라졌냐고 물은 적이 있다. 친구는 아침에 일찍 일어나 남편을 위해 밥을 짓는 게 달라진 점이라고 했다. 결혼한 여성은 대부분 집안일로 하루를 보낸다. 아이를 낳은 후엔 아이를 먹이고, 기저귀를 갈아 주는 등 종일 아이에게 매달려 있어야 한다. 직장에 다니는 여성의 경우엔 이중고를 겪는다. 직장에서 돌아오자마자 집안일을 시작해야 하고, 자녀 양육도 관리해야 한다. 시가가 명문가라면 일은 세 배가 된다. 직장 일과 집안일을 하고도 각종 기일이나 기념일에 안 하던 일을 해야 한다.

결혼 후 이러한 실제 삶의 모습은 동화에 나오지 않는다. 딱 결혼식까지만 다루고, 이후 평균 60년 이상의 삶에 대해서는 함구하거나 '오래오래 행복하게 살았다'는 두루뭉술한 말로 넘어간다. 마치 모든 동화가 결혼 캠페인을 벌이기 위해 지어진 것 같다.

혜완, 경혜, 영선은 모두 아름답고 똑똑하다. 또 다른 공통점은 완벽한 삶의 조건으로 '결혼'을 받아들였다는 것이다. 결혼을 해서 가정을 이뤄야 삶이 완성된다고 배워 온 탓이다. 하지만 현실은 어떤가. 일과 육아를 힘겹게 병행하던 혜완은 첫 아이를 잃었고, 가사 도우미 덕분에 가정과 직업을 함께 유지할 수 있었던 경혜는 출산 후 성적 매력이 떨어졌다는 모욕을 견뎌야 했다. 영선은 육아와 일을 병행할 수 없어, 남편에게 자신의 시나리오까지 주며 자신을 희생했지만 돌아온 것은 냉대와 무시였다. 이처럼 여성들에게 결혼은 삶을 더 완전하게 만드는 것이 아니라, 무거운 짐을 더 얹어 정작 중요한 것을 놓치게 한다.

특히 직장 일과 육아를 병행하는 건 이미 불가능한 신화인지 모른다. 가사 도우미나 집안일을 도와줄 누군가가 없는 한, 그 누구도 살림과 임신과 출산과 육아를 다 해내면서 직장 일까지 잘할 수는 없다. 몸이 세 개라도 부족하기 때문이다. 그런 슈퍼우먼이야말로 가부장제가 만들어 낸 허상이다.

▶ 개인에서 관계로, 나부터 사랑하자

혜완은 끝내 자살한 영선을 떠올리며 '만일 누군가와 행복해지고 싶다면 먼저 스스로 행복해질 준비가 되어 있어야 한다'는 것을 깨닫는다. 자존감부터 회복해야 한다는 뜻이다. 다시 말해 결혼이 완벽한 삶의 조건이라면, 결혼 전에 스스로의 정체성과 자존감부터 확립되어야 한다. 누구나 자기 마음의 토대가 안정돼 있어야 그 위에 우정 등의 관계도 쌓틀 수 있는 법이다. 자신이 고통의 소용돌이에 있는데 어떻게 타인과 잘 지낼 수 있겠는가. 영선은 영화감독이 꿈이었지만, 결국 영화감독을 남편으로 둔 아내가 되었다. 영선은 아무리 가까운 사람이라도, 타인이 이룬 성과가 자신의 것이 될 수는 없다는 걸 뒤늦게 깨닫는다. 결혼 관계도 중요하지만, 그보다 더 중요한 것은 자신의 자아를 지키는 것이다. 그것이 영선이 친구들에게 남긴 메시지다.

규범적인 정상 가족, 혹은 모범 가족은 영선처럼 남편을 위해 커리어를 희생하며 전업주부가 된 아내를 예찬하기도 한다. 바깥일 하는 아빠, 안살림 하는 엄마, 그리고 아들과 딸 두 자녀로 이루어진 '정상 가족' 모델은 1980~90년대 사회가 만들어 낸 규범이다. 여성들은 이래저래 불안하다. 여성은 아무리 좋은 직업을 가져도 결혼을 안 하면 뭔가 부족한 사람 취급을 받는다. 또 결혼을 해도 가족 중 누구에게라도 문제가 생기면 아내나 엄마의 탓으로 돌린다.

그러나 모두가 규범대로 살 수는 없다. 아빠가 살림을 할 수도 있고, 엄마가 직장에 나갈 수도 있으며, 경우에 따라 둘 다 일이 있거나 둘 다 없는 시기도 있을 것이다. 경제적 상황에 따라 둘이 결혼을 안 할 수도 있고 자식을 갖지 않을 수도 있다. 자발적 의지로 결혼을 안 하고 아이를 갖지 않는 비혼이나 딩크족도 있을 수 있다.

아이를 낳을 생각이라면 육아와 돌봄 노동은 부부가 함께해야 한다. 이를테면 보육 도우미를 고용해 직장 생활을 시간제로 할 것인지, 두 사람이 번갈아 가면서 휴직을 할 것인지도 상의할 수 있다. 하지만 기존처럼 한 사람은 돈만 벌고, 한 사람은 집안일과 육아를 도맡는다면 부부 양쪽에 부담이 될 수 있다. 이처럼 고정된 전형은 그 유형에 맞지 않는 사람들에게 부담과 불안을 주고 그것은 서로에게 억압이 된다. 이 같은 주제는 뒤에 나올 〈82년생 김지영〉에서도 반복된다.

▶ 성 고정관념과 성별 역할 분리로 인한 심리장애

1990년대에는 남편이 밖에서 열심히 일해 돈을 벌어다 주고, 아내는 그 돈으로 알뜰하게 살림을 하고 살뜰하게 자녀를 키우는 것이 이상적인 가정이라고 보았다. 영선은 개인의 꿈을 접으면서까지 가정에 헌신했는데, 경제 여건상 혼자 가사와 육아에 시달리다 자존감이 위축되었다. 착한 아내, 좋은 엄마가 커 가는 동안 영선 개인은 없어져 갔다.

왜 미련하게 꿈을 접고 이런 삶을 선택했냐는 친구의 다그침에 영선은 자신이 '불쌍한 거지 왕자를 보살피는 공주'라는 생각이 들었다고 말한다. 동화에서 공주는 주로 살림과 간호를 한다. 왕자는 전쟁에 나가고 아버지는 긴 여행을 다녀오지만, 어머니는 아버지를 기다리고 딸은 그런 어머니를 보며 자란다. 남자는 밖에서 돈을 벌어오고, 여자는 집안 살림을 하는 익숙한 동화가 영선을 착한 아내, 좋은 엄마로 집안에 주저앉게 만들었다. 동화가 만든 신기루는 현실 속에선 착한 여자 콤플렉스나 평강공주 신드롬으로 나타난다. 성별역할 분리가 만든 심리 질환이다.

영선뿐이 아니다. 혜완은 '정상 가족'의 틀 밖의 낙인을 의미하는 '이혼녀'라는 꼬리표 때문에 회식 자리에서 툭하면 성희롱을 당한다. 경혜는 출산 뒤 잠자리가 재미없다며 공공연히 바람을 피우는 남편에게, 치욕과 모멸감을 느낀다. 이들 역시 성 콤플렉스, 슈퍼우먼 콤플렉스 등 여러 콤플렉스에 시달린다. 고등 교육을 받은 재능 있는 여자들이 이런 콤플렉스에서 벗어나기가 더 힘들다. 사회에서 인정받는 완벽한 인간, 완벽한 행복에 도달하고 싶은 욕망 때문이다.

▶ 나로부터 시작해서 관계로 나아가기

혜완은 누군가 행복해지고 싶다면 '스스로' 행복할 준비가 되어 있어야 한다고 말한다. 그 말은 가정이라는 울타리 안에서 행복을 추구하려면 스스로의 자존감이나 자아감 먼저 살피라는 의미일 것이다. 규범을 모델로 삼더라도, 각자의 상황에 맞게 조정해야 진정으로 행복해질 수 있다. 그러자면 외부가 아닌 자기 내면의 행복 기준을 살펴보는 것이 중요하다. 세 친구는 모두 행복의 기준을 '가정'으로 삼았다. 그 결과 혜완은 아이를, 경혜는 사랑을, 영선은 성공을 잃었다. 모두가 완벽한 행복에서는 조금씩 벗어나 있다.

완벽한 행복에 건강과 일과 사랑이 필요하다면, 우리는 어느 정도 조금씩은 부족한 삶을 살고 있다. 이 중 가장 중요한 것이 건강일 것이다. 육체적인 건강 못지않게 마음의 건강도 중요하다. 영선은 동화 속 공주가 되려다 마음의 병을 앓았다. 가정과 직장이 완벽하게 조화를 이루는 것이 행복의 조건이라면, 가정의 기반이 되는 결혼의 현실적 조건을 잘 살펴야 한다. 혜완이 두 번째 결혼을 망설이는 이유다. 경혜는 다 가진 듯 보였으나 남편의 사랑을 얻지 못했다. 누구나 우리는 약간 부족하다.

앞서 말했듯이 제1의 물결 페미니즘은 평등하게 교육받고 직업을 갖길 바랐다. 그런데 이렇게 성취한 것을 결혼이라는 현실이 깨뜨리는 것을 보았다. 가정에서 남편과 아내가 동등한 파트너라는 이상은 아직도 완전히 구현되지 못했지만, 1980~90년대에는 부부 간의 위계가 더 심각했다. 남편과 부인의 관계는 지배자와 피지배까지는 아니더라도, 상급 파트너와 보조 파트너의 관계 같았다. 한 가정에 한 사람에게만 사회적 성공을 할당한다면, 그것은 가장이자 남편이 누려야 한다는 인식이 팽배했다. 1세대 페미니즘이 사회와 가정에서의 남녀 불평등 문제에 주목한 까닭도 이를 개선하기 위해서다.

〈무소의 뿔처럼 혼자서 가라〉는 20세기 후반 한국의 결혼 제도와 성별 역할 분담의 문제를 제기하며, 이런 불평등한 구조에서 여성이 꼭 결혼을 해야 하는지도 묻는다. 결혼이 의무가 아니라 선택이라면, 아니 택하지 말아야 할 불리한 선택지라면 우리는 기존 규범을 돌아봐야 한다. 단 한 번의 결혼으로 한 남자와 해로하는 것만이 인생의 정답인지도 다시 물어야 한다. 불쌍한 왕자를 구하는 공주가 되기보다는, 상대가 평생의 동등한 반려자가 될 수 있는 사람인지에 대한 충분한 검토도 필요하다.

혜완의 남편은 전업주부를 원했고, 경혜의 남편은 직업은 있되남편의 외도를 이해할 아내를 원했다. 영선의 남편은 자신을 뒷바라지해 줄 헌신적인 아내를 원했다. 세 여성의 바람과 남편들의 바람이 완전히 다르다. 평생 동반자의 꿈이 다르다면 이들의 결혼 생활은 이미 예견된 실패가 아닐까.

여성에게도 성적 자유가 있다: 〈결혼은 미친 짓이다〉

···

영 페미니스트는 1990년대 중반에 등장해 2000년대까지 두각을 나타낸 젊은 페미니스트 그룹이다.[•] 이들은 대학교 총여학생회와 초창기 PC 통신망을 중심으로 활동했고, 제1의 물결 페미니즘과 차별화된 가치와 태도를 표방했다. 기존의 제1의 물결 페미니즘은 교수나 학자 등 대학 강단을 중심으로 활동했고, 나중에는 정부 관료로 흡수되기도 했다. 그러다 보니 페미니즘을 학문이나 정책으로 접근한 것이 특징이다.

1990년대 중반부터 한국의 여성운동은 제도권으로 들어가기 시작했다. 여성 관련 연구자나 학자, 교수들이 정계로 진출한 것이 그 예다. 여성 교수와 장관들이 하나둘 생겨났고, 정부 부처에서도 여성 정책 담당관이 늘어갔다. 그런데 남성 중심 조직에 들어간 여성들은 남성의 위계적인 조직 문화를 그대로 수용했고, 그런 문화를 여성 내부로 가져왔다.

이에 반발한 사람들이 제1의 물결 페미니즘의 두 번째 흐름을 만들었다. 이들은 관료주의나 권위주의 문화를 비판했고, 위계를 타파하고자 했다. 당시 개인보다 공익을 중시하는 시대적 분위기와,

---

[•] 권김현영 외, 《대한민국 넷 페미사》 (서울: 나무연필, 2017), p. 14.

불평등을 반성하는 목소리가 사회 저변에 있었기 때문에 굳이 정치적 올바름이 요구되지도 않았다.

제1물결 중 두 번째 흐름으로 나타난 새로운 페미니스트들은 앞선 흐름이 보인 권위적인 위계에 저항하고자, '수평적 자매애'에 관심을 기울였다. 조직 안에서 서로 존대어를 쓰지 않았고, 대표를 뽑지 않았으며, 행사 내용을 모범이 될 만한 자료로 남기지도 않았다. 제1의 물결 페미니즘 중 두 번째 흐름은 무엇보다도 '위계 없는 다양성'을 가장 중요한 가치로 여겼다. 차이의 다양성을 추구했기 때문에 일부러 정치적인 올바름을 홀대하는 경향도 있었다. 올바름이 또 하나의 표본적 가치가 되어 또 다른 위계를 만들까 경계한 때문이다. 가부장 사회가 강조한 순결 따위는 처음 만난 사람에게 무상 증여하겠다며 거리로 뛰쳐나가는 여성이 있는가 하면, 임신하고 싶지 않다며 남자친구에게 정관수술을 요구하는 여성도 있었다. 이런 태도가 정치적으로 올바른 것은 아니었지만, 관습이나 권위에 대한 저항 정신이 돋보여 우호적인 반응을 얻기도 했다.

제1의 물결 페미니즘의 두 번째 흐름이 활발히 물결을 탈 수 있었던 배경에는 PC와 통신망 서비스의 보급이 있다. 1990년대부터 컴퓨터가 상용화되었고 당시엔 하이텔, 천리안, 나우누리 등 통신사를 통해 인터넷에 접속할 수 있었다. 새로운 기술과 문화에 호감을 보인 당시 젊은 층들이 PC 통신을 많이 이용했고, 곧 그 사이버 공간은 여러 사회 문제에 관해 논쟁을 벌이는 곳이 되었다. 페미니즘 이슈도 등장했다. 성녀와 창녀라는 이분법에 대한 비판, 인터넷 동성애 사이트 폐쇄, 성폭력 사건 가해자 실명 공개 사건 등이 대표적인 주제였다.

그러다 남녀 분쟁으로 번진 사건이 발생했다. 바로 1999년 12월 23일 헌법 재판소가 군 복무 가산점제를 위헌으로 판결한 것이다. 여성의 관점에서는 남녀평등으로 가기 위한 획기적인 성취였지만, 의무병 체제하에서 힘들게 군 복무를 마쳐야 하는 남성에게는 청천벽력 같은 판결이었다. 남자들의 거센 반발과 항의 글이 폭주하여 여성단체 자유게시판이 폐쇄되었다. 한국여성민우회는 3개월간 홈페이지를 열 수 없었으며, 웹진 '달나라 딸세포'도 해킹을 당했다. 가산점제 위헌 판결로 남녀 간 전쟁이 시작되었다고 해도 과언이 아니다.

남자들은 PC 통신상 페미니즘의 장을 해킹하거나 그곳에 여성을 비하하는 글들로 도배하다시피 해서 사이트를 거의 마비시켰고, 이에 여대생들은 크게 반발한다. 2001년 부산대 페미니즘 동아리 월장은 웹진을 창간하며 특집 기획 기사로 '예비역이 싫은 몇 가지 이유'를 실었고 이는 사회적으로 큰 파장을 몰고 왔다. 페미니스트 PC 통신 미즈는 폐쇄 논쟁에 시달렸으나 다행히 폐쇄는 면했다. 하지만 페미니즘에 공식적으로 저항하는 단체 '남성학 동호회'가 조직되게 했다. 이제 남녀는 본격적으로 서로를 조롱하고 깎아내리기 시작했다. 이후 인터넷에서 벌어진 성별 간 대결의 서막이 올라간 셈이다.

영 페미니스트들은 '달나라 딸세포', '언니네' 같은 여성주의 사이트를 열어 여러 활동을 펼쳤고, '일다' 같은 여성주의 인터넷 언론도 창간했다. 반면 남성 진영에서는 인터넷을 사용해 여성을 성적으로 대상화하는 일이 늘어났다. 여성 연예인 누드 사진, 섹스 동영상 등이 불법으로 유통되었다. 상호 소통 없이 일부러 시비를 걸어 적대적이거나 모욕적인 글로 사이트를 도배하는 플레이밍(불 지르기), 트롤링(트롤짓)이 성행하면서, 논쟁 커뮤니티가 망가지거나 마초화되는 일도 잇달았다. 이렇게 남녀 두 진영은 서로를 적대시하면서 논쟁 수위를 높여 갔다.

IMF를 겪으면서 남자들은 아무것도 하지 않고자 했고, 모든 것은 아무것도 아니라고 말하는 '두 낫씽' 운동이 일어났다. 어쩌면 한 시대의 운동이 자신이 가진 문제의 해결점을 찾지 못하고 사멸하는 것처럼 보였다. 아무것도 하지 않는다는 것은 당대의 지배 이념을 무비판적으로 수용하거나 최소한 묵과한다는 의미이기도 하다. 문화비평가 폴 코리건은 1970년대 영국의 하층 노동계급 남성의 문화를 '아무것도 안 하기' 문화라고 명명하면서, 적극적으로 아무것도 안 한다는 것은, 단순한 순응이 아니라 조용한 자기 표현일 수도 있다고 말한다. 아무것도 안 하는 듯 보이지만 매우 다른 생각을 유지하는 남성으로 표현하는 것이기도 하다. 언뜻 보기에 계급적 루저 같지만, 보기보다 강하고 능력 있음을 즐기는 것일지도 모른다는 것이다.

경제적 위기로 인한 개인주의도 큰 요소의 하나였다. 1990년대 끝없는 호황을 누리는 듯 보였던 한국 경제는 1997년 외환 보유고가 바닥나고, 충격을 극복할 수 없을 만큼 단기간 동안 기업의 파산이나 부도, 대량 실직을 겪었다. IMF사태였다. 당시 국내기업은 호황을 누리면서 외국자본의 단기부채를 많이 끌어다 썼는데, 외국자본의 단기부채가 만료되고, 무분별한 차입을 하는 아시아 경제에 불안을 느낀 외국자본이 단기부채를 연장하는 대신 상환을 요구하면서 대형 경제 위기가 생긴 것이다.

이 위기를 극복하기 위해 한국은 IMF에 구제 금융을 요청했다. 1997년에 발생하여 2001년 8월까지 약 4년간 지속된 한국의 심각한 경제 위기 동안 파산, 부도, 대량 실업은 경제 위기로 이어졌고, 쓰라린 좌절을 맛본 이 시대 경험이, 공공윤리보다는 '개인의 이해관계'가 우선이라는 생각을 뼈에 사무치게 만들었다. 경제 논리가 최우선에 오다 보니 공공윤리나 공익성, 혹은 보편 시민의 평등권 같은 페미니즘의 의제들은 공중에 분해되어 날아간 것처럼 보였다. 영 페미니스트가 공공선의 사회 기반 속에 정치적 올바름을 약화시킨 것과는 다른 문제였다. 이미 개인의 물질주의와 이해관계가 공익보다 중요하다고 생각하는 분위기 속에, 정치적 올바름은 구시대적 유물이거나 자본력 있는 자의 심리적 사치로 여겨졌을 뿐 호응을 얻지 못했다.

이처럼 제1의 물결 페미니즘의 두 번째 흐름은 IMF 사태의 영향도 받았다. IMF가 한국 경제에 개입하면서 한국 사회는 신자유주의로 재편되었다. 신자유주의는 '시장'을 중요시하고 이 시장에서 경쟁해 살아남을 사람만 살아남으라는 논리다. 내 생존이 보장돼야 대의도 있는 법이다. '생존'이 위협받자 사람들 마음속에 있던 인간의 권리나 보편성에 대한 신뢰는 모두 흔들렸다. 도덕과 공공 윤리 등도 모래성처럼 무너져 내렸다. 제1물결 중 첫 번째 흐름 때와 달리 두 번째 흐름에 들어서서 사람들이 공익보다, 개인의 욕망 충족이나 경제적 이득에 더 관심을 갖게 된 까닭이다. 사람들은 이제 어느 정도 평등을 이루었고, 페미니스트이든 반페미니스트이든 그건 개인의 자유라고 생각하게 되었다. 그러다 보니 논쟁은 '개인'전으로 축소되었고, 대립 방식의 정당성 여부도 따지지 않게 되었다.

이 당시 분위기에는 내 생존이 보장되어야 대의도 있고 공룐도 있다는 생각이 지배적이었다. 국가가 IMF 사태를 맞으면서 경제적 위기가 확산되자, 사람들의 마음속에 있는 인간의 권리나 보편성에 대한 신뢰가 흔들리고, 모든 것이 개인의 자유인만큼 개인의 책임이라는 생각이 강화되었다. 신자유주의 시대에 중요한 것은 경쟁과 생존이었고, 도덕과 공공 윤리는 현실의 삶에서 아무짝에도 쓸모없는 헛된 모래성처럼 들렸다.

─ ⧉ ✕

〈결혼은 미친 짓이다〉 줄거리 요약 (유하 감독, 2002)

준영과 연희는 소개팅으로 만난 사이인데, 처음 본 날 술김에 잠자리를 갖게 되고 그 이후 서로 낭만적으로도 성적으로도 만족하는 연인 사이가 된다. 친구의 결혼식 사회를 보는 대가로 소개팅에 나온 준영은 지적이고 매너 좋은 대학 강사지만, 경제적으로 윤택하지 못해 부모 집에 함께 살고, 결혼은 원치 않는 연애 지상주의자다. 반면, 연희는 당당하고 섹시한 조명 디자이너지만, 조건 좋은 남자와 결혼을 원하는 현실주의자다.

▶ ▶❙ ◀))

연희는 다섯 명의 맞선남 중에 누구와 결혼할지를 고민하고, 준영은 자신은 가난해서 행복하게 해 줄 자신이 없으니 부자 중에 하나를 골라 결혼하라고 한다. 연희는 외모도 감정도 마음에 차지 않지만 조건 좋은 의사와 결혼하고 아내의 역할을 충실히 한다. 그리고 퇴직금을 준영에게 빌려줘 준영이 작은 집에 독립하게 만든 후, 막 결혼한 신혼 주부의 여유시간을 이용해 준영과 소꿉장난 같은 가짜 결혼 생활을 한다. 둘은 연희의 차로 시골 민박집에 신혼여행을 가고, 집도 신혼살림처럼 꾸며 주변에 주말 부부처럼 보이게 된다.

그러나 얼마 지나지 않아, 가짜 신혼집에서 남편의 전화만 오면 달려가는 연희를 준영은 못마땅해하고 둘은 서로 싸우게 된다. 연희는 들키지 않을 자신이 있다며 이 관계를 지속하고 싶어하고, 준영은 당당하지도 규범적이지도 못한 불투명한 관계에 갈등한다. 결혼은 미친 짓이라고 생각하면서.

2000년에 출간된 이만교의 소설을 영화로 만든 〈결혼은 미친 짓이다〉는 제목에서도 짐작할 수 있듯이 결혼 제도의 문제점에 집중한다. 법에는 모든 개인이 평등하다고 돼 있지만 실생활에서는 남녀는 추구 기준이 다르다. 특히 여성들은 결혼하면 이런 사실을 더 절감하게 된다. 결혼해 가정을 이루면 남자는 나가서 돈을 벌고, 여성은 집안 살림을 도맡는다는 성별 역할이 분명하다 보니 결혼 조건도 이에 맞춰진다. 남자의 조건은 부유한 집안과 전망 좋은 직업이고, 여자의 조건은 세련된 미모와 남편을 행복하게 해 줄 적당한 섹시함, 그리고 가정 살림의 지혜였다.

결혼이 경제적 공동체를 이루기 위한 기능적 결합이라면, 중요한 것은 사랑보다는 수행해야 할 기능 자체가 된다. 우리가 흔히 사랑이라고 부르는 것을 잘 보면 낭만적 연애와 육체적 사랑, 그리고 결혼 제도가 있다. 중세 때는 결혼과 육체적 사랑이 동일시되었고, 근대에는 낭만적 사랑과 결혼이 동일시되었는데, 현대에 와서는 낭만적 연애와 육체적 사랑이 자연스럽게 연결되는 것으로 본다. 다시 말해 중세에는 사랑을 모른 채 결혼하면서 성에 대해 알게 되었고, 근대에는 성을 금기시하면서 사랑하면 결혼하는 것으로 생각했다. 그러나 현대에는 사랑하면 성관계는 맺지만, 결혼은 별개의 것으로 생각한다. 결혼의 조건은 사랑이 아니라 능력이나 재산, 미모나 매력이라고 생각하기 때문이다.

제1의 물결 중 첫 번째 흐름을 거치면서 모든 개인이 평등하다는 생각이 뿌리를 내렸고, 이제 두 번째 흐름에서는 그 개개인이 자유로운 존재이므로 다양성을 존중해야 한다는 점에 좀 더 주목했다. 이런 흐름은 결혼 생활에도 영향을 끼쳤다. 자유로운 연애나 성관계를 죄악시하던 근대 초기의 사고방식이 더이상 받아들여지지 않았다. 심지어 결혼을 한 이후에도 배우자가 아닌 사람과 연애, 성관계를 하는 사람들도 있다. 정치적 올바름보다는 개개인의 자유와 다양성을 추구하다 보니 기존의 결혼 제도로는 설명할 수 없는 일들이 생겨났다.

〈결혼은 미친 짓이다〉에는 소개로 만나 서로 사랑하게 되어 육체적 관계까지 나누는 한 커플이 나온다. 남자는 영문과 대학 강사고, 여자는 조명 디자이너다. 여자는 이 남자를 포함해 다섯 명의 남편감을 놓고 고민하는데, 정작 이 남자는 자신은 가난해서 결혼해도 행복하게 해 줄 자신이 없으니, 부자 중에서 신랑을 하나 고르라고 한다. 처음 만난 날 잠자리를 가진 남녀는, 결혼을 포기한 애인 사이가 되고, 남자는 여자에게 다른 남자와 결혼할 자유를 준다. 남자는 교수로 임용되기 전까지는 경제적 여유가 없어 부모님과 함께 산다. 여자는 결혼하기에 적당한 직업을 갖고 있고, 세련된 미모와 섹시함 등을 두루 갖추고 있다. 결국, 여자는 집안 좋은 의사와 결혼하고, 사랑하지만 경제 능력이 부족한 남자친구와는 주말 부부 같은 연애를 한다. 도덕적으로 보면 올바른 방식은 아니지만, 개인 입장에서만 보면 결혼과 연애를, 또 제도와 사랑을 둘 다 잡은 셈이다.

〈결혼은 미친 짓이다〉는 정치적 올바름 대신 권위주의를 지양하고 다양성을 내세운 2물결 페미니즘을 엿볼 수 있는 영화다. 도덕이나 규범의 잣대를 버리고 결혼 제도의 문제를 비켜 갈 개별적 방법을 모색했다고 볼 수 있다. 왜 두 사람은 사랑하는데 결혼하지 않은 것일까? 낭만적 사랑에 대한 환상을 접고 보면, 결혼은 냉엄한 현실이고 경제적 안정을 위한 도구일 수도 있다.

나이가 차면 왜 결혼을 할까? 물론 사랑하니까 한다. 하지만 사랑한다고 해서 다 결혼하는 건 아니다. 연희와 준영이 그러하다. 사랑하니까 연애는 계속하지만 결혼은 못하는 것이다. 결혼에는 책임과 비용이 따른다. 로맨스와 환상을 걷어 내고 보면 결혼은 일종의 거래다. 남자는 부유함, 여자는 미모가 그 상품 가치이자 교환 조건이다. 남자는 예쁘고 매력적인 여자를 원하고, 여자는 부자면서 좋은 직업을 가진 남자를 원한다.

진화심리학의 관점에서 보면, 여자는 가장 우수한 유전자를 감식해 내 생존능력이 뛰어난 후세를 재생산해야 하고, 남자는 그렇게 생산된 후대를 양육할 장기적인 헌신 능력이 있어야 한다. 사회학의 관점으로 보면, 남자는 주기적인 성관계를 제공하고 그 결과로 태어난 자신의 아이를 낳아 길러 줄 여자, 자신의 밥과 빨래를 해 줄 여자와 결혼한다. 그 대가로 정기적 급료와 물질적 안정을 여자에게 준다. 여자는 현재의 가족에게서 벗어나 경제적으로 신분 상승을 하고 안정된 삶의 기반을 마련하기 위해 남자와 결혼한다. 그 대가로 집안일과 성관계 그리고 남자의 자손을 낳아 제공한다. 어차피 가사, 출산, 양육을 면하지 못할 거라면, 좀 더 윤택한 환경에서 대접받으며 살고 싶어서 나은 선택지를 골라 결혼한다.

▶ 현실과 생활로서의 결혼

21세기에 결혼은 필수가 아닌 선택이다. 2016년 통계청 조사에 따르면 결혼을 해야 한다고 답한 비율은 전체 중 51.9퍼센트였다. 결혼한 이들이 계속 줄어들어 2015년에는 40년 만에 처음으로 30만 쌍 아래로 떨어졌다. 당연히 출산율도 떨어진다.

무엇이 결혼을 망설이게 할까? 남자의 경우 결혼에 드는 물질적 비용이고, 여자는 결혼 후 자유로운 삶의 포기라는 정신적 비용 때문이다. 즉 남자는 돈이 있어야 하고, 여자는 살림과 육아를 할 마음가짐이 있어야 한다. 한 결혼정보 회사의 조사 결과에서도 이런 속마음이 드러난다. 남녀 모두 결혼하는 첫 번째 이유가 독신으로서의 방황을 끝내기 위해서라고 말했는데, 두 번째 이유는 좀 다르다. 남자는 가사를 효율적으로 처리할 수 있어서, 여자는 수입이 늘어서라고 응답한다. 직설적으로 말하면, 남자는 집안일을 해결할 수 있어서, 여자는 가사노동의 대가로 수입이 생겨서 좋다는 얘기다. 따라서 결혼에 필요한 것은, 남자의 경제적 능력과 여자의 가정적 능력이라 할 수 있다. 시대가 흘러도 여전히 남녀의 결혼 조건은 돈과 미모이고, 경제력과 노동력의 교환인 것이다.

연희와 준영도 마찬가지다. 둘은 사랑하지만 결혼할 수 없다. 남자는 사랑하는 여자에게 조건 좋은 남자와 결혼하라고 한다. 나이가 찼는데도 부모 집에 얹혀 사는 처지인데, 수입이 적은 직업으로는 결혼해도 가정 경제를 책임질 수 없기 때문이다. 준영은 자유연애자를 자처하지만 사실 그것은 경제적 무능에 대한 자기방어다.

그런데 남녀 간의 이런 '거래'에 문제가 생기면서 결혼을 꺼리는 사람이 늘고 있다. 부부 중 한 사람만 돈을 벌어서는 먹고살기 힘든 시대가 되었다. 특히 남성보다 여성들이 결혼을 꺼리는데, 가장 큰 이유가 불평등의 정도가 여성에게 더 심해서다. 돈은 돈대로 벌어야 하고 집에 돌아와선 가사와 육아, 그리고 시가 일까지 병행하는 이중삼중의 노동에 시달리니 굳이 그 길로 들어서고 싶지 않은 것이다.

▶ 관습과 제도 바깥의 연애

그렇다면 연희와 준영처럼 결혼 제도 밖에서 사랑하며 살 수는 없을까. 연희는 다섯 명의 맞선남 중에서 가장 경제적으로 안정된 사람을 배우자로 택했다. 처음에 준영은 연희가 법적으로 다른 남자의 배우자라는 사실을 개의치 않는다. 결혼 전처럼 연애를 즐긴다. 하지만 불쑥불쑥 걸려오는 남편의 전화에 늘 거짓말로 둘러대는 연희를 보면서 점차 불편해한다. 연희의 합법적 사랑의 대상은 남편일 뿐, 자신은 내연남에 불과하기 때문이다. 연희는 절대 들키지 않을 자신이 있다고 장담하지만, 이 관계는 과연 얼마나 지속될 수 있을까.

두 사람은 알고 있다. 이렇게 계속 지낼 수는 없다는 것을. 연희가 준영의 집을 드나들 수 있는 건 아직 아기가 없고 남편도 출장이 잦아 비교적 자유롭게 시간을 쓸 수 있어서다. 아기가 생기거나 남편의 직장 환경이 달라지면 지금처럼 지내긴 어렵다. 준영에게 연희는 가짜 아내다. 결혼 제도의 보호와 책임을 동시에 거부한 준영은 자기가 합당한 남편의 자리에 있을 수 없다는 사실을 잘 안다. 그러면서도 실제 남편과 가짜 남편 사이에서 시소게임을 하는 여자에게 불만감을 표출한다. 연희 역시 애인이 원하는 방식으로 그를 사랑하지만 결혼 제도의 관점에서 보면 부도덕한 불륜녀이다.

제도와 관습은 이렇게 똑같은 사랑에 다른 이름을 붙인다. 아름다운 사랑과 추한 성욕망. 결혼 전에는 모르던 사람을 만나 사랑하고 또 헤어지는 것이 자유로웠지만, 결혼 후에는 새로운 사람들 만

▶ ▶| ◀»

날 수도 없고 과거에 알던 사람도 정리해야 한다. 그것이 일부일처제의 규범이다. 이것을 어긴 '사랑'은 바람, 불륜, 불장난 따위로 비난받는다.

하지만 그렇다고 해서 결혼 제도 바깥의 결합을 비난만 할 수 있을까. 남자는 경제적 무능력 때문에 연애만 즐기고, 여자는 두 남자와 살림과 성관계를 공유한다. 결혼이 기능과 책임이 중요한 제도라면, 연희 말대로 절대 들키지 않을 자신만 있다면, 남편과 애인을 동시에 만족시키면서 둘의 혜택을 누릴 수도 있는 것 아닐까.

▶ 제1의 물결 그 두 번째 흐름

제1물결 페미니즘의 두 번째 흐름은 여러 다양한 실험을 펼치며 제도나 관습을 거부했다. 여성의 순결을 강요하던 전통을 거부하고자 여성의 성적 욕망을 실험하기도 했다. 영화 속 연희가 성관계를 리드하는 장면도 그 한 예라 할 수 있다. 이런 행위들은 확실히 1물결 페미니스트들이 보인 엄숙함을 넘어선다. 연희는 자신의 성감을 높이도록 섹스를 리드하고, 배란일에 맞춰 남자의 사정 방식을 지시하며, 남자의 성애적 테크닉을 칭찬하거나 오르가슴을 위한 타이밍 조절도 한다.

〈결혼은 미친 짓이다〉는 정치적 올바름이나 도덕이 아닌 다양한 개인의 자유에 초점을 맞춘 두 번째 흐름의 특징을 잘 담아낸다. 결혼 밖의 사랑도 얼마든지 아름답고 즐거울 수 있다는 새로운 관점을 보여 준 것이다. 이 영화는 순전히 두 연인의 관점으로만 이야기를 진행하기 때문에, 매우 사적인 사랑 이야기로 비친다. 시가나 외부의 시선 등 사회를 철저히 배제함으로써 결혼 제도의 실체를 잘 보여 준다. 결혼이란 것이, 충실히 집안일을 하고 의심받을 행동만 하지 않는다면 잘 유지될 수 있는 제도임을 꼬집는다. 철저히 개인주의의 관점에서 다양한 욕망과 생존 방식을 말하기 때문에, 이 영화는 실험적이고 도발적이다.

자신의 욕망과 사회의 기준, 둘 다를 만족시키려면 진실을 숨겨야 한다. 사회의 기분에 맞추는 척하면서 개인의 욕망에 충실한 방식이다. 남편에게 필요한 서비스를 완벽하게 제공하고 애인을 들키지만 않는다면, 두 배로 행복한 삶이라는 새로운 공식이다. 결혼은 안정된 부자와, 연애는 미남 지성인과 계속한다면 누구라도 행복할 것이다. 다만 거기에는 사회적 처벌이 뒤따를 수 있음을 기억해야 한다.

우리가 행복이라고 말하는 것이 그저 그런 모양새로 남들과 비슷하게 사는 것이라면, 관습과 제도는 더할 나위 없이 좋은 장치다. 그대로 따르면 되니 말이다. 하지만 사람은 저마다 달라, 그런 틀에 완전히 만족할 수가 없다. 그래서 첫 번째 흐름은 잘못된 관습과 제도 등을 새롭게 바꾸려 했다. 하지만 두 번째 흐름은 달랐다. 그대로 두고 지키지 않으면 그만이라고 보았다. 그러면 힘든 투쟁을 할 필요도, 해결되지 않는 긴 싸움을 할 필요도 없다. 그저 들키지 않고 안 지키면 그만이다. 다만 하나만 버리면 된다. 정치적 올바름과 진실된 삶이다. 개인의 관점에서는 합리적이고 욕망에 충실한 삶이지만, 사회적 관계 속에서는 누군가 선의의 피해자를 속이며 사는 일이다.

여러분은 고통스러운 진실을 택하겠는가, 행복한 거짓을 택하겠는가. 마치 영화 〈매트릭스〉에 나오는 빨간 약과 파란 약의 비유처럼 들릴 것이다. 모파상의 단편소설 〈보석〉에 나오는 랑탱의 첫 번째 부인과 두 번째 부인 이야기 같기도 하다. 가난한 공무원 랑탱은 두 번 결혼했는데, 첫 부인은 바람을 피워 선물로 받은 재산으로 랑탱에게 만찬과 행복을 선사했고, 두 번째 부인은 올곧은 여성이었으나 성격이 강직해 랑탱을 불행하게 만들었다. 여러분이라면 어느 쪽에 손을 들겠는가.

파이를 갖는 건 유능한 개인이다: · · ·
〈아내가 결혼했다〉

　　1990년대 후반에서 2000년대를 거치면서, 한국은 김대중과 노무현 대통령의 민주 정부 10년이 경제 회복에 전혀 도움이 안 되었다고 생각하게 되었다. 민주보다 민생이 더 중요하다고 여긴 국민은 2008년 대기업 CEO였던 이명박을 대통령으로 당선시켰다. 모두가 경제와 '먹고사니즘'에 관심이 있었고 공공에 관한 것은 남의 일로 생각했다. 이런 상황에서 페미니스트는 거의 꼴값 떠는 피곤한 인간형으로 간주될 만큼 기피 대상으로 전락했다. 일부는 페미니스트들을 비꼬아 '꼴페미'(꼴통 페미니스트)로 공격하기도 했다.

　　서로 경쟁해서 살아남아야 하는 신자유주의 시대다 보니 이젠 아름답고 실력 있는 여자도 점차 비판을 면하기 힘들어졌다. 2006년부터 등장한 '된장녀'가 그 예다. 된장녀는 해외 명품과 고가의 승용차 등을 소비하는 도도한 여자를 가리키는 것으로, 사치와 허영심 넘치는 여자를 뜻하는 비하적 표현이다. 본심에는 소비력 있는 젊고 아름다운 여성에 대한 불편한 심리가 있을 것이다. 이 외에도 김치녀, 개똥녀 등 여성을 비하, 혐오하는 말이 계속 생겨났다. '개념녀'라는 말도 등장했는데, 아름답고 똑똑한데 화려하거나 고압적이지 않은 옷차림에 '개념'까지 탑재한 여성이란 뜻이다. 여성들은 '개념녀'가 되어야 한다는 압박에 처신이 더 어려워졌다. 이래저래 여자로 산다는 것 자체가 너무 피곤했다.

▶ ▶| 🔊 ━━━━━━━━━━━━━━━━━━━━━━━━━

한편, 여성들이 점점 더 소비 능력이 커지자 〈섹스 앤 더 시티〉 같은 미국 드라마가 인기를 끌었다. 이 드라마는 뉴요커인 전문직 여성 네 명을 중심으로 이야기가 전개되는데, 이전엔 꺼리던 섹스를 거침없이 화제로 올렸다는 점에서 주목받았다. 특히 결혼 전 여성의 순결을 강조하던 한국 사회에 큰 놀라움을 안겼다. 반면, 2, 30대 여성에게는 인기가 많았다. 물론 이 드라마 뒤에는 소비 자본주의가 있다. 직업이 있어 경제력을 갖춘 주인공들은 다이어트나 명품 구매 등 몸매, 외모 관리, 아름다운 치장을 위해 소비한다.

어쩌면 신자유주의가 성별 간 위계를 조금은 무너뜨렸다고도 볼 수도 있다. 승자독식사회에서는 자본의 승자가 되는 것이 중요한데, 자본주의 앞에선 남자고 여자고 할 것 없이 모두가 평등했다. 여자가 미모를 사용하건 지성을 사용하건 승자만 된다면 페미니즘 또한 자동으로 실현되는 것처럼 여겨졌다. 소비 자본주의는 자본의 정도에 따라 인간 계급을 나누었으므로 남녀 간 위계 문제는 자연스럽게 자본 유무 간의 위계로 전환되었다. 페미니즘은 더 이상 중요한 문제가 아니었다. 그 때문에 페미니즘은 집단의 운동이 아니라 개인의 문제로 생각되었다.

이 시기를 페미니즘의 완성기로 보는 시선도 있었다. 기존 제도나 관습에 구애받지 않고 어떤 수단을 써서든 원하는 결과나 성과만 얻어 내면 된다는 사회 분위기다 보니, 경쟁 기준이나 수단의 공정성은 문제 삼지 않았다. 오직 승자가 되어 충분한 소득을 얻고 원하는 소비생활을 할 수 있는가만이 중요했다. 매체에서는 소비를 아름답게 치장해 부추겼고, 기업은 더 많은 소비만이 위기에 빠진 경제를 극복할 해법이라며 정부를 설득했다.

　페이스북을 비롯한 SNS의 발달로 소비 자본주의는 번성했다. 사람들은 인스타그램 등을 통해 자신의 아름다움과 소비 취향을 과시하는 한편, 타인과 자신을 비교하면서 소비에 열중했다. 문제는 시각적 아름다움이었다. 화장과 헤어스타일에 대한 관심이 급증했고, 인터넷에 올릴 좀 더 멋진 자신의 이미지를 위해 다이어트와 쇼핑이 중요했다. SNS에 광고가 삽입되면서 소비 욕망은 날개를 달았다. 이런 현실을 페미니즘이 완성된 결과로 보는 시선이 있었지만, 실상은 완성이 아니라 '개인주의'로 축소된 시기라고 보는 사람이 많았다.

　왜 그런지 좀 더 당시를 들여다보자. 모든 사람이 잠재적 경쟁자라지만, 모두 승자가 될 순 없다. 승자가 되려면 남보다 더 나은 무언가를 갖춰야 했고, 그로 인해 여자들이 도달해야 할 롤 모델은 점점 더 높은 곳으로 올라갔다. 이제 어떤 단계에서도 충분히 만족할 수 없는 지경에 이르렀다. 예쁘기만 하면 골 빈 여자, 지성적이기만 하면 꼰대나 아줌마로 비하되었다. 지성과 미모를 모두 갖췄더라도 돈이 없으면 품위를 유지할 수 없었다. 뚱뚱하거나 못생기면 아예 논의 대상도 되지 못했다. 개념녀는 예쁘고 날씬하고 똑똑한 데다 부유하면서도, 과시하거나 도드라지면 안 됐다. 언론은 직업과 가정을 완벽히 병행하는 '슈퍼우먼'이란 이상형을 만들어 냈고, 더 나아가 알파걸과 골드미스를 롤 모델로 내세웠다.

　알파걸은 학업, 운동, 리더십 모든 측면에서 남성을 능가하는, 성취욕과 자신감이 높은 젊은 여성으로, 주로 일찍 사법고시에 합격한 집안 좋고 장래 유망한 20대의 여성을 가리킨다. 골드미스는 학력이 높고 경제적 여유가 있어 고가 브랜드를 주로 소비하는 30대 이상 50대 미만의 미혼 여성을 일컫는 마케팅 용어였다. 슈퍼우먼은 결혼해 남편을 안팎으로 지원하고, 시가 대소사에 가사노동을 제공하며, 자녀를 잘 낳아 키워 좋은 대학까지 입학시키는 동시에, 직장에서도 척척 승진하는 여성상이었다. 이는 현실적으로 불가능했기 때문에 그나마 직업에서 야망이 큰 여자들은 결혼을 늦추거나 포기했다. 알파걸이건 골드미스건 슈퍼우먼이건 이런 여성이 되기란 하늘의 별 따기였고, 설사 된다 해도 유지하기 힘들었다. 알파걸은 아프고, 골드미스는 외로웠으며, 슈퍼우먼은 없었다.

한편 이런 세상에선 남자도 힘들었다. 기존에 누리던 기득권을 내놓아야 할 위기에 처했기 때문이다. 능력 있는 여자들은 데이트나 결혼에 우선순위를 두지 않아, 남자들은 결혼은 물론 로맨스나 성적인 접촉도 하기 힘들었다. 태어나면서부터 경쟁 구도에 휩쓸려 분투하긴 남녀 모두 마찬가지였지만, 늘 약자로 살아온 여성들은 남성들보다는 급변하는 세상에 잘 적응했다. 여성들은 연애보다 자아실현을 원해서 전도유망한 직업과 소득이 높은 일자리로만 몰렸다. 아니면 그 모든 것을 성취한 남자들로 향했다.

그러다 보니 남자는 잠깐의 데이트 상대조차 구하기 힘들었다. 경쟁으로 피곤했고, 반복된 실패에 화도 났다. 대기업 간판이라도 달면 괜찮아질까 싶어 중소기업을 마다하고 몇 년째 취업에 도전해보지만, 연이은 탈락으로 자존감은 계속 추락한다. 비참한 '루저' 신세를 면치 못한다. 잘나가는 친구나 엄친아는 연애도 결혼도 일사천리로 해내고, 예쁜 아기도 낳고, 해외여행에 출장까지 인생이 탄탄대로다. 또한 이런 근황이 친구의 SNS에 도배되니 상대적인 열패감은 더 커진다.

이런 상황에서 2008년에 남성연대가 등장한다. 그간 남성이 누려 온 권력이 해체되거나 재구성될 수 있다는 불안감과 상대적 박탈감을 강하게 표면화한 단체였다. 남성연대는 여성부까지 생겼으니 이제 남성은 소수자라고 주장했다. 여성부 폐지를 목적으로 결성되었고, 이를 위해 안티 페미니즘 홈페이지를 운영했고, 성희롱자나 성추행자를 공식적으로 옹호했다. 활동 자금은 국제결혼을 주선해서 마련했다. 남성연대를 통해 동남아의 가난한 20대 여성들이, 경쟁에서 낙오해 결혼하지 못한 4, 50대 한국 남성에게 매매혼처럼 거래되었다. 말도 안 되어 보이던 이 단체가 주목을 받게 된 계기가 있었다. 2006년 남성연대를 창립한 성재기가 2013년 활동비 모금을 위해 한강에 투신하겠다고 SNS에 예고문을 올린 뒤, 진짜로 예고대로 투신자살을 한 것이다. 이 사건은 언론의 큰 주목을 받았다.

남성연대가 폐지하고 싶어 했던 여성부는 2001년 1월에 처음 출범했다. 남녀 차별 문제를 해결하고 여성 관련 정책을 마련하려는 데 목적이 있었지만, 좋은 성과를 내진 못했다. 2004년에 보건복지부의 영유아 보육 업무를 넘겨받으면서 2005년에는 여성가족부로 이름이 바뀌었다. 현실의 여성들은 학교뿐 아니라 사회에서 여성이 남성과 동등하게 경쟁하면서 승진하고 사회적 지위를 얻길 바랐는데, 여성부가 여성'가족'부가 되자 여성들을 다시 가족 안으로 몰아넣은 셈이 되어서 정작 여성들의 반발이 컸다. 여성가족부는 2008

년에 다시 여성부가 되었다가 2010년에 또다시 여성가족부로 돌아왔다.

이런 여성부의 국가 정책은 2000년대에 남녀 모두에게 반발을 사기도 했다. 여성가족부가 여성부를 거쳐 다시 여성가족부로 돌아오면서 갈팡질팡하는 사이 대중의 비난이 일었다. 아동과 청소년의 양육 및 교육을 강조하던 시기였던 2004년부터는 청소년들이 컴퓨터에 과하게 몰입하는 문제에 집중했다. 그 해결책으로 여성가족부는 청소년 보호법 26조를 들어 12시에 게임 전원을 차단하는 '셧다운제'를 추진했다. 오전 0시부터 새벽 6시까지 청소년의 게임을 법으로 금지한 것이었고 헌법재판소는 2014년에 합헌 판정을 내렸다. 여성가족부와 교육계, 그리고 학부모 단체는 환호했지만, 게임을 즐기는 청소년들은 거세게 반발하며 여가부를 적대시했다.

페미니즘 진영에서도 반발이 컸다. 특히 여성가족부가 정책 목표로 삼은 양성평등이라는 구호가, 성을 이분법적으로 고착화한다고 반발했다. 생물학적 여성만이 아니라 심리적으로 자신을 여성으로 생각하는 사람까지 여성으로 받아들여야 한다는 주장도 있었고, 그런 여성은 가짜 여성이라서 페미니즘 운동에 방애가 된다는 주장도 있었다. 개인적인 요구와 욕망이 다양화되면서 여성을 특정 전형으로 유형화한 각종 '-녀'들이 계속 생겨났다. 이런 '-녀'들은 결코 좋은 의미로 인식되지 못했다. 된장녀/개념녀, 김치녀/이대 나온 여자 같은 이분법 개념화가 심해졌고, 이런 이분법은 오히려 남녀의 대립이나 여성 내부의 갈등을 조장하고 심화시켰다.

신자유주의 이후 자본이 더 힘을 얻으면서 누구든 예쁘고 능력 있으면 여자라도 당당하게 살 수 있다고 생각하게 되었다. 미모, 지성, 재력의 건재함을 과시하는 여자들은 페미니즘 이후를 논의하고 싶어 했고, 기존의 강성 페미니즘과는 거리를 두어야 한다고 생각했다. 이런 경향 중 일부는 포스트페미니즘으로 불리기도 했고, 아예 페미니즘이라는 꼬리표를 거부하기도 했다. 1990년대에 꿈꿨던 사이버 스페이스의 평등 실현 가능성은 2000년대 들어오면서 사실상 위축되었고, 2005년을 기점으로 페미니즘은 대중 운동으로서는 실패했음을 인정해야 했다.

다음 장에 나오겠지만 이런 상황은 2015년 메갈리아가 등장하면서 반전을 맞이한다. 수년간 집단으로서의 역량을 발휘하지 못하고 개별화되었던 페미니즘은 일시적 소강 상태에서 온라인 페미니즘으로 다시 활력을 얻었다. 격렬한 키보드 워리어들의 온라인 논쟁이 확대되었고, 메갈리아는 페미니즘 약화나 여성 혐오의 분위기를 뒤집기 위해 강한 전략을 썼다. 그것은 여성 혐오를 그대로 남성에게 반사하는 '미러링' 전략이었다. 그때부터 메갈리아는 남성을 잠재적 가해자로 가정하는 여성 전투부대의 대명사가 되었다.

— �Ⓓ ✕

〈아내가 결혼했다〉 줄거리 요약 (정윤수 감독, 2008)

21세기 한국의 서울, 여성적 매력과 남성적 능력을 다 갖춘 주인아는 한 남자에 만족하지 못한다. 귀엽고 섹시한 외모와 넘치는

▶ ▶❙ 🔊 ▬▬▬▬▬▬▬▬▬▬▬▬▬▬▬▬▬▬▬▬

애교에 성적 에너지도 폭발하고, 헌책을 수집하는 지적 취미에 축구에 대한 지식과 열정도 넘치는 그녀는 한마디로 매력적이면서도 말도 잘 통하는 환상적 베이글녀.

그런 그녀의 매력에 빠져든 노덕훈은 인아와 연인관계가 되는데 그녀가 밤에 이따금씩 핸드폰을 끄고 잠적하기에 이를 추궁하니 다른 남자와 잤다고 한다. 덕훈은 인아를 잡기 위해 그녀의 자유연애를 받아들이는 조건으로 결혼에 성공하고, 매일 밤 함께 축구를 관람하며 그녀의 뛰어난 섹스와 완벽한 요리 솜씨에 행복해한다. 인아가 경주에 파견 근무를 가게 되어 주말 부부로 살던 중, 덕훈은 사랑하는 남자가 생겼다며 결혼을 한 번 더 하고 싶다는 인아의 말에 충격을 받는다. 그러나 인아의 설득으로 이중 결혼, 혹은 일처이부제를 받아들인다.

문제는 아이다. 딸이 생겼는데 누구 아이인지 알 수 없고 방황하던 덕훈은 유전자 검사를 하게 된다. 두 남편을 두고 하루에 두 번의 돌잔치를 하는 아내가 못마땅한 덕훈은, 두 번째 남편의 돌잔치에 가서 모든 친척 앞에 친자 확인서를 내밀고 파티를 망친다. 아내는 아이와 함께 돌연 사라진다. 시간이 흐른 후 스페인에서 두 남편에게 초대장이 오고 이들은 새로운 가족을 꿈꾸며 공동의 아내와 아이에게로 떠난다.

〈아내가 결혼했다〉는 박현욱의 소설을 영화로 만든 것이다. 작

가는 자신이 뼛속까지 일부일처주의자라고 밝혔지만, 소설 속 여주
인공 인아는 일처다부주의자다. 한 여자가 많은 남편을 거느리고 사
는 태초의 가모장 사회를 꿈꾼 것이다. 일부일처제도 어려워서 사실
상의 일부다처제가 많던 시기에, 일처다부제는 발칙하고 획기적인
발상이었다.

우리 사회만 놓고 본다면 제도는 일부일처제로 확립되었지만,
비공식적으론 일부다처제가 꽤 오랜 기간 남아 있었다. 지금 세대는
결혼조차 필수가 아닌 선택 사항으로 여기고 있지만 말이다. 다시
말하면, 70대 할아버지는 할머니가 여럿인데, 40대 아버지는 어머
니가 하나이고, 10대 자녀는 결혼이 꼭 필요하다고 여기지 않는다.

〈아내가 결혼했다〉가 큰 화제를 불러일으킨 것은 여자가 '두 집
살림'을 한다는 전복적인 발상 때문이다. 보통 '두 집 살림'을 한다
고 하면 한 남자가 두 여자를 거느리고 사는 것을 가리켰기 때문이
다. 〈결혼은 미친 짓이다〉가 신혼 초 아이가 없는 동안 남편의 부재
를 틈타 연애 상대를 따로 챙기는 영악한 여자의 두 토끼 잡기 전략
이라면, 〈아내가 결혼했다〉는 결혼이 너무 좋아 두 번 결혼한 여자
가 공식적으로 중혼을 선언하는 내용이다.

페미니즘 소설에도 이런 변화는 반영된다. 1990년대에는 경제
력 없는 전업주부라 사회와 가정에서 자신의 이름을 가질 수 없는
기혼 여성이, 불륜을 저지름으로써 억압된 결혼 제도에서 일탈하는
것이 여성 소설의 주요 소재가 된다. 2000년대 소설의 여주인공들
은 결혼을 신분 상승 수단으로 여기는 등 결혼 제도를 활용한다. 이
전과 달리 이 시기의 여주인공들은 고등 교육을 받고 탄탄한 직업을

가졌으며, 무엇보다 아름답고 영리하다.

2003년 정이현의 《낭만적 사랑과 사회》는 결혼 제도에 억압당해 불행한 기존 여주인공들 대신, 발랄하고 영악한 결혼 적령기의 미혼 여성을 전면으로 내세운다. 여주인공은 물질을 우선시하고 계산적이지만, 전 세대와 달리 현실적이고 현명해서 불행하지 않다. 결혼 시장에서 자신의 처녀성이 중요한 거래 품목이라는 것을 알고 이를 합리적으로 이용한다. 부자 애인에게 처녀성을 준 대가로 고가의 명품 가방을 받고 그것을 사랑으로 믿고자 한다. 《낭만적 사랑과 사회》보다 앞서 나온 《결혼은 미친 짓이다》에서, 여주인공은 결혼은 부자와 하고, 연애는 가난하지만 매력적인 남자와 한다. 《낭만적 사랑과 사회》 이후에 나온 《아내가 결혼했다》의 여주인공은 여기서 한 발 더 나아가 가부장제를 전복할 가모장적 일처다부제를 시도한다. 페미니즘 소설의 역사에서 보면 획기적인 시도라고 볼 수 있다.

이런 소설의 변화는 영화로도 이어진다. 대표적인 것이 2003년 개봉한 〈바람난 가족〉이다. 이 영화의 여주인공은 남편의 외도에 옆집 고등학생과 맞바람을 피우다 임신까지 한다.

하지만 다른 한편으로 〈아내가 결혼했다〉는 남성의 관점이 짙은 영화라는 지적도 있다. 일단 여주인공 자체가 남성 환상이 만들어낸, 불가능에 가까운 이상형이기 때문이다. 주인공은 2000년대에 어느 곳에서나 만날 수 있는 평범한 여성이 아니다. 날씬하고 매력적이며 직업도 좋고 멋진 취미생활을 하며, 성생활도 주변의 눈치를 보지 않고 자유롭게 즐긴다. 그러면서 동시에 집안일, 육아도 두 집에서 척척 해낸다. 슈퍼 능력을 가진 슈퍼 미모의 초매력녀다. 롤 모델로 삼기에는 너무 높은 곳에 있어, 도리어 많은 보통 여성을 상대적으로 불행하게 만들 수 있는 캐릭터다.

또한 이 영화는 결정적으로 인아가 이런 '독특한' 삶의 방식을 택하게 된 동기나 합리적 해법, 혹은 다른 여성들과의 연대를 보여주지 않는다. 사회생활을 하면서 여자로서 겪는 문제, 결혼 제도를 거스르는 파격적이고 중요한 결정을 내릴 때의 내적 고민도 물론 노출되지 않는다. 인아가 어떤 사람인지 엿볼 수 있는 단서는 그녀가 축구를 좋아하며 폴리가미에 관한 책을 읽었다는 결과론적 사실 정도다. 이런 점들로 미루어 볼 때 이 영화는 뛰어난 개인의 이야기일 뿐 여성의 구조적 문제나 집단적 목소리를 담아냈다고 보기 어렵다.

▶ 폴리아모리와 폴리가미

이 영화의 지향점은 '폴리아모리polyamory'와 '폴리가미polygamy'다. 가부장제의 '모노가미monogamy'에 대항하는 전복성을 갖고 있다. '폴리아모리'는 독점하지 않는 다자간 사랑을 뜻하며, 이것이 제도로 된 다자간 결혼이 폴리가미다. 폴리가미는 한쪽 혹은 양쪽이 복수의 상대와 결혼하는 것으로, 남자가 여러 아내를 두는 '일부다처제polygyny'와 아내가 여러 남편을 두는 '일처다부제polyandry'로 나눌 수 있다. 폴리가미는 종교나 지역적인 전통에 의해 규범화된 결혼 제도라면, 폴리아모리는 전통이나 규범을 벗어난 문화적인 구성물이라 할 수 있다. 당연히 혼외정사나 불륜과는 전혀 다르다. 한 사람이 파트너들을 속이지 않으며 두 사람 이상을 사랑하고 그 관계를 유지하는 것이기 때문이다. 폴리가미는 '모노가미', 즉 한 사람과 한 번 결혼하는 단혼제나 일부일처제와 대비된다. 이혼이나 사별 후 재혼하는 것은 단혼제의 연속이지 폴리가미는 아니다. 연속적 단혼, 즉 '시리얼 모노가미serial monogamy'라고 봐야 한다.

한편 왠지 비슷해 보이는 것 중에 이중 결혼 즉, 바이가미bigamy가 있다. 이건 일부일처제에서는 범죄다. 신성한 결혼제도를 위협하고 모독하기 때문이다. 《제인 에어》에서 제인 에어와 로체스터의 결혼이 처음에 실패한 이유도, 로체스터의 중혼 사실을 입증한 사람이 있었기 때문이다.

〈아내가 결혼했다〉는 폴리가미 중 일처다부제의 가능성을 실험한다. 일부일처제의 문제를 제기하고, 그 대안으로 여성 중심의 가모장적 일처다부제를 제시한 것이다. 인류는 일부일처제를 이상화했지만, 이는 인간 본성에 맞지 않고 여성에게도 억압적이었다. 일부일처제는 남성의 질서를 유지하기 위해 여성을 교환 대상으로 삼는 등 오랫동안 여성을 수단으로 이용해 온, 철저히 남성 중심적인 제도다. 일례로 남자에게는 사실상 혼외 관계를 용인하면서, 여자에게는 순결과 정절을 강조해 목숨에 준하는 것으로 교육한다. 그래야만 남자의 자손이 분명해져 권력과 부를 세습할 수 있기 때문이다. 반면 일처다부제는 여성의 헌신과 친밀한 관계 능력을 동력으로 삼아 유지되기 때문에, 남녀 모두 평등한 관계에서 정신적, 육체적으로 긴밀하게 살아갈 수 있는 제도라 할 수 있다.

유교 사상이 완고한 한국 사회에 폴리아모리와 폴리가미라는 주제를 던졌으니 얼마나 큰 파장이 일어났을지는 더 설명이 필요 없을 듯하다. 하지만 엄밀히 따지면 〈아내가 결혼했다〉는 '중혼'을 다룬다. 더욱이 중혼의 주체인 여성은 남편만 둘일 뿐, 가부장제의 판에 박힌 여성의 삶을 그대로 답습하고 있다. 직장 일을 하면서 동시에 두 집 살림을 하고, 아이를 키우고, 두 시가도 잘 봉양하면서 산다. 날씬하고 매력적인 미모도 유지하면서. 앞서 말했듯이 이것은 남자들의 로망일 뿐 현실에선 볼 수 없는 캐릭터다. 인아의 두 집 살림은 기존의 가부장제를 두 개 묶어 놓은 집합체로 보인다. 인아의 사랑은 폴리아모리와 폴리가미의 원래 취지였던 '열린' 연애와 결혼이 아니라, 닫힌 결혼 두 세트이다.

질투에 눈이 멀어 중혼 사실을 공표한 덕훈에게 벌이라도 내리듯 인아는 아이와 종적을 감추고, 중혼을 수용한 두 남편을 스페인으로 초청한다. 스페인을 새로운 가능성이 있는 출구로 삼은 것인데, 스페인 또한 가톨릭교를 신봉하는 가부장적인 자본주의 사회라는 점을 상기하면 그것은 대안이라기보다는 단순 도피로밖에 보이지 않는다.

그러므로 이 영화 속 여성을 통해서는 제도나 사회의 변화를 제대로 주장하기 어렵다. 현실은 이상과 다르다. 자본주의 사회에서 가정은 최소 단위의 경제 공동체다. 인아가 덕훈과 재경을 동시에 두 남편으로 거느리려면 제도가 뒷받침되어야 한다. 제도 마련을 위해 많은 투쟁과 노력을 해야 할 것이다. 성인 두 남자와 한 여자의 결합은 동거나 사실혼으로 인정받을 수는 있어도, 결혼 제도로 인정받기는 어렵다. 아이를 낳는 순간, 그 아이를 누구의 호적에 올릴 것인지부터 문제가 된다. 예방접종도 필요하지만 아이가 아프면 병원에 가야 하니 가족 단위의 의료보험 제도도 누구 명의로 할지 정해야 한다. 이처럼 인아가 구현하려다 도피한 가모장적 일처다부제, 폴리아모리에 입각한 폴리가미는 단순히 개인의 능력과 성적 매력, 애교로 실현되는 것이 아니다.

▶ 복혼이 아닌 중혼, 폴리가미 아닌 바이가미

인아는 원래 결혼 기피형 자유연애주의자였는데 덕훈과의 결혼 후 인생 철학이 완전히 바뀐다. 기존 결혼 체제가 너무나 만족스러워 동시에 두 개의 결혼을 공식적으로 유지하기로 한다. 그래서 애교와 사랑스러움을 총동원해서 덕훈에게 결혼 승낙을 얻어낸다. 이른바 아내의 공식적 중혼 요청이다. 고민하던 덕훈은 결국 아내의 매력과 설득에 넘어간다. 이제야말로 "아내가 결혼했다." 두 번의 결혼식 후 인아는 주중에는 경주에서 재경과, 서울에서는 주말에 덕훈과 부부 생활을 한다.

두 번째 결혼을 한 후에는 더욱 힘을 발휘해 두 집 살림만 해낼 뿐 아니라 양쪽 시가에서 힘든 가사노동도, 두 가문의 시가 봉양도 더블로 척척 해낸다. 그러다가 아이도 낳는다. 돌잔치도 같은 날 서울에서 한번, 경주에서 한번 한다. 밖에선 직장 업무와 안에서는 가사나 육아는 기본이고, 섹스도 두 배, 가사도 두 배, 시가 행사도 두 배지만, 너무나 즐겁고 하나도 힘들지 않으며 마냥 즐겁고 행복하다.

능력만 있으면 여자는 두 명의 남편과 결혼 생활을 해도 행복하다.

남편을 하나 더 두었다는 사실에 분노한 남편이 술에 취해 강간을 할 때에도, 화를 내기는커녕 이해심 깊게 어깨를 토닥이며 남편을 위로한다. 당시 여자들이 제일 싫어한다는 대화 소재는 가장 좋아하는 인생철학으로 탈바꿈한다. 인아는 축구뿐 아니라 모든 직업 성과와 성적 쾌락, 가정의 지원, 출산과 육아, 늘 날씬하고 건강하며 매력적인 체력과 외모 관리, 심지어 남자의 가족이 좋아하는 가사노동을 거침없이 해내고도 모자라다. 그래서 그런 남편을 둘이나 갖고 싶어서, 남편에게 강간당하면서까지 두 남편을 섬기게 해달라고 본 남편을 조른다.

놀라운 것은 아이의 엄마는 자신이라고 주장하면서도, 덕훈의 확실한 아이를 만들기 위해 재경과의 결혼 생활에서 피임을 했다는 점이다. 두 남편 사이에서도 아이의 생물학적 아버지를 하나로 고정하기 위한 장치를 하는데, 이때 여러 남편을 둔다는 것이 과연 가모장적 폴리가미나 폴리아모리로의 획기적 전환이 될지 의심스럽다. 아버지가 중요하지 않은 폴리가미와 달리, 이 바이가미는 생물학적 아버지와 사회적 아버지를 양분하고 생물학적 아버지에게 우선권을 둔다는 점에서 본 남편의 가부장적 권위를 인정한다. 변혁적 폴리가미나 가모장제와 동떨어져 있다.

그런 의미에서 초능력자 인아가 추구한 폴리가미는 기존 구도를 반복하거나 오히려 더 심화하는 것처럼 보인다. 인아는 한국에서 두 집 살림을 하면서, 아내로서 엄마로서 또 직장인으로서 가부장적 가족 구조가 여성에게 부과한 모든 고난과 난관들을 완벽하게 해결했다. 하지만 그 과정은 생략된다. 도움을 주는 엄마나 자매, 친구 없이 두 남편과의 집 안팎의 많은 노동을 혼자 잘 해내며, 사실상 가정의 남편 말고는 다른 관계도 부각되어 보이지 않는다.

이런 폴리아모리, 폴리가미는 여성에게 억압적인 가부장적 가족 제도를 두 배로 수용하고 있다. 마치 기존 가족제도는 전혀 문제가 없을 뿐더러 그 제도를 문제 삼는 사람은 무능력자처럼 보인다. 개인이 능력만 있다면 그 노동 강도의 두 배를 지속해도 충분히 직장 일과 병행가능하고, 개인적으로 만족하고 행복할 수 있는 것처럼 보인다. 그리고 자신의 중혼 사실이 공표되자, 아무런 대응을 하지 않고 사라져 외국으로 도피해버린다. 스페인으로 장소가 전환된다 해도 아이의 아버지가 하나 더 늘었을 뿐, 새로운 남녀 성역할이나 혁신적인 가족의 모형을 기대하기란 어려워 보인다. 신자유주의 철학답게 중요한 것은 개인의 결과적 능력일 뿐 그 과정에 필요한 사회구조나 사고의 변화가 제시되지 않는다.

▶ 가부장제의 전복이 아닌 수용

〈아내가 결혼했다〉는 가정 내 남녀 성역할과 젠더 전형을 고착하고 강화한다. 언뜻 보면 남녀가 평등한 듯 보이지만 전통적 성역할이 반복된다. 남자는 직장 생활만 잘하면 되는데, 여자는 직장 생활에 살림과 섹스, 출산과 육아를 잘해야 하고, 시가 대소사까지 잘 챙겨야 한다. 게다가 여성은 소통과 대화, 남성은 대립과 경쟁에 능하다는 젠더 이분법도 확고하다.

영화에서 두 집 살림이 가능한 것은 인아에게 탁월한 개인의 능력이 있었기 때문이고, 남성과의 이성애적 결혼 관계를 즐기는 관계 지향성이 확고했기 때문이다. 하지만 이마저도 가부장적 가족 구도로 한정돼 있어 다른 관계는 아예 나오지 않는다. 동성 친구나 부모 혹은 함께 자란 형제자매도, 그 외 학교 선후배나 직장 동료들도 완전히 치딘되어 있다. 오직 '남자의 아내'로만 존재하는 것이다.

그러다 보니 이 영화에서 보여 주려던 폴리가미는 첫 남편 중심의 가부장적인 이성애 가족 구도를 변주한 일종의 변형가부장제가 된다. 즉 새로운 가모장적 폴리가미는 획기적인 가족 제도인데, 영화에서는 가부장제의 수정 정도로 보인다는 것이다. 구조적 제도나 관습에 대한 문제 제기가 전혀 없기 때문이다. 타고난 개인의 매력과 능력을 그저 기존 체제를 최대한 유지하는 데 활용한다. 말 그대로 반지의 요정이나 램프의 마술사처럼, 어느 날 하늘에서 뚝 떨어진 여성이 아내의 기준만 높여 버린 꼴이다.

인아는 가부장제가 이상화한 '좋은 아내', '착한 아내'일 뿐 아니라 사실상 '알파걸'과 '골드미스' 그리고 '슈퍼우먼'의 장점만 모아 놓은 남성들의 슈퍼 이상형이다. 이 여성은 가부장제를 전복하고 대안을 찾기보다는, 사실상 가부장제를 두 배로 껴안는다. 완벽한 아내라면 남편을 둘 가져도 좋다는 가부장적 가장의 허락하에 두 집 살림이 가능했다. 꼭 덕훈의 공표가 아니더라도, 남편을 제외한 모든 가족을 속인 비밀 결혼 관계가 계속 유지될 수는 없는 노릇이다. 결국 이중 살림이 발각되면서 공 들인 탑은 무너진다. 가부장제는 사라진 것이 아니라 강력하게 존재하며, 새로운 시도는 비난과 모멸을 받는다.

▶ 능력 있으면 인아처럼

이 영화에 여성적 관점이 부족하다고 느끼는 또 다른 이유는, 인아의 취미가 축구 경기를 보는 것이고 컴퓨터 업계에서 일한다는 점이다. 여자들이라고 해서 그러지 말라는 법은 없지만 당시 사회적 상황을 고려할 때 흔치 않은 설정이다. 여기에도 남성들의 바람이 투영되었다고 볼 수 있다. 인아는 다른 여성들과 관계를 맺거나 연대하는 모습을 전혀 보이지 않고, 남자들이 좋아할 만한 조건만 고루 갖추었다. 돈 잘 벌지, 집안일 척척 해내지, 시가 집안의 일도 잘 챙기지, 낮엔 천사였다 밤엔 자신이 좋아하는 축구에 함께 열광해주다 요부로 변신하지, 남자들 입장에선 이보다 더 좋을 수 없는 것이다. 이런 여성은 한 남자만 독점하기 아깝다. 그런 여자라면 어떤 남자라도 사랑할 것이고, 그러니 남편 하나쯤 더 있어도 문제없다는 생각에서 이런 소설, 이런 영화가 나온 것은 아닐까.

그러나 현실의 대다수 여성은 직장 일과 집안일만 해도 병행하기가 어렵다. 그래서 경력 단절을 겪고, 그것은 개인의 자존감 하락으로 이어진다. 심할 경우 〈무소의 뿔처럼 혼자서 가라〉의 영선처럼 자살하기도 한다. 이런 현실을 감안해 보면 인아는 비현실적인 인물이다. 당대 남자들의 여자에 대한 환상들을 갈아 넣어 만든 환상이

다. 그래서 도리어 가사와 육아 노동의 분담을 요구하는 여자들을
이상하게 보이게 하는 부작용을 낳는다.

▶ 페미니즘보다는 개인주의

슈퍼우먼을 두 배로 확대한 울트라 슈퍼우먼 인아는, 일견 제도
변혁을 모색한 페미니스트처럼 보인다. 자신의 선택에 책임을 지고
스스로 판단하고 결정하며 문제를 해결한다. 그러나 다른 한편 전혀
페미니스트 같아 보이지 않기도 한다. 타고난 뛰어난 능력을 오로지
남편과 기존 가족제도를 유지하고 공고히 하는 데 쓰기 때문이다.
왜 굳이 그녀는 여러 제약을 감수하면서 결혼만을 원하는 것일까?

이제 인아는 페미니스트라기보다는 공리주의자처럼 보인다. 과
정의 중요한 동기나 도덕적 가치를 생략한 채, 결과적으로 만족만
할 수 있다면 다 괜찮다는 식이기 때문이다. 개인은 누구나 자유롭
고 평등하기 때문에, 이기적인 방식으로 자신의 욕망을 극한으로 밀
고 갈 수 있다. 인아는 두 남자를 '남편'으로 갖고 싶다는 욕망에 인
생을 걸고, 결혼 제도의 문제보다는 모두가 결과적으로 얻을 쾌락과
효용의 양에만 몰두한다. 불법인 중혼을 하더라도 남편과 시가 모두
가 만족하다면 괜찮다는 논리다. 모양은 폴리가미이고 폴리아모리
이지만 내용은, 초능력에 입각한 공리주의이자, 한국식 가부장제를
그대로 안고 두 명의 남편, 두 개의 시가 중심의 가부장제 가족 박애
주의로 전진한다. 이제 인아는 기득권을 유지하면서 급진성을 표방

하고 싶은 남성 페미니스트가 만든 판타지의 표상이 된다.

▶ 연희와 인아 사이

〈결혼은 미친 짓이다〉와 〈아내가 결혼했다〉에서는 주체적이고 유능하며 매력적인 여성이 등장해 결혼의 문제를 제기하는데, 문제는 이런 문제를 '개인'의 여성성으로 극복하려 한다는 데 있다. 제도로서의 결혼을 문제 삼았다는 점에서는 페미니스트의 면모가 보이지만, 사실상 많은 사람을 속이는 삶을 산다. 연희는 바람피우며 결혼과 연애를 동시에 충족하는 개인적 해법을, 인아는 두 남편을 각각 서울과 경주에 두고 개인적으로 바이가미를 성취하는 개별적 해결을 택한다. 둘 다 결혼 제도를 변혁하는 데에는 관심이 없기 때문에, 제도는 그대로 두고 개인의 해법만 중요하게 생각한다. 인아가 원하는 가족 형태가 좀 더 혁신적이었을 뿐이다.

물론 연희와 인아는 과거의 현모양처에서 탈피하는 급진성을 갖고 있다. 특히 섹스에 대해 솔직하고 성적 욕망을 표현하는 데 주저함이 없다. 성적 쾌락을 잘 알고 이용할 줄 알며, 무기이자 권력으로 쓴다. 연희가 준영과 관계를 유지할 수 있었던 것도, 인아가 두 남편과 살 수 있었던 원동력도 성적 매력이다. 즉 여성의 성적 매력과 능력은 결혼 제도의 문제 해결법처럼 비친다. 이런 설정은 현실의 보통 여성에게 더 큰 좌절감을 주고, 가부장제를 좀 더 강력히 영속시키는 장치가 될 수도 있다.

결국 〈아내가 결혼했다〉가 페미니즘 영화처럼 보이지만 페미니즘의 공백, 나아가서는 페미니즘의 실패처럼 보이는 이유는, 우선 폴리가미라는 대안이 전혀 현실에 발을 딛고 제시되지 못했다는 데 있고, 다른 한편 주인공 여성 자체도 비현실적이라는 데 있다. 겉으로는 새로운 제도와 여성을 추구하는 것 같지만 실제로는 가부장적 가족 제도에 갇혀 있는 영화라고 볼 수 있다. 성별 역할 분담만 해도 전혀 흔들리지 않는다. 도리어 인아 같은 비현실적인 여성은 페미니즘을 곤란하게 한다. 인아 정도의 능력이 없다면 감히 일부일처제를 문제 삼지 말라고 반격하는 것처럼 들리기 때문이다. 특출난 개인기로 승부하는 인아는 현실에 없는, 남성의 환상 속에서만 가능한 존재인데 말이다.

인아가 자유 연애주의자라면 준영처럼 결혼을 거부해야 옳고, 일부일처제 제도 안에서 결혼 후에도 사랑을 원한다면 연희처럼 불륜을 행하거나 제도 자체를 개선하기 위해 투쟁해야 한다. 역시 일부일처제 사회인 스페인으로 도피할 게 아니라, 처음부터 일처다부제가 용인될 만한 공동체로 이동하는 게 더 설득력이 있을 것이다. 페미니즘에 혼선을 준 울트라 슈퍼우먼 인아가 놓친 결혼과 육아의 현실적 문제는 영화 〈82년생 김지영〉에서 표면화된다.

달려봤자 제자리인 현실 앞에 서다: •••
〈82년생 김지영〉

제1의 물결 세 번째 흐름의 시기에는, 경쟁에서 이기는 사람만이 살아남는 신자유주의 사회가 지속되면서 사회적 낙오자의 고통은 내부에서 외부로 투사되었고, 연민은 분노로 바뀌었다. 그리고 그 분노는 이길 수 없는 강자가 아닌 이주 노동자, 탈북민, 성소수자, 노인, 여성 등 만만한 약자로 향했다.

특히 2010년대 들어 여성에 대한 혐오가 극심해졌다. 1990년대 태어난 평등 세대의 남성이 중심이 되었다. 이들은 함께 교육받고 경쟁한 여성이 불평등을 당하고 있다는 주장이 납득하기 어려웠다. 중·고교에서 여학생이 더 좋은 성적을 거두고 더 많이 명문대에 진학하니, 상대적인 박탈감을 넘어 현실적으로도 오히려 뒤처지고 낙오되는 건 자신들이라고 여겼다. 경쟁은 사방에서 난무하고 편안하고 안락한 시간은 없어지니 늘 초조하고 불안하다.

이젠 연애와 결혼 시장에서도 밀리는 남성이 많아졌다. 진학도 취업도, 연애도 결혼도 불투명한 남성들은 안팎에서 압박을 받았고 그것을 외부로 분출하지 않으면 자신을 지켜내기 어려웠다. 그리고 마침내 여성을 향해 분노를 표출하기 시작했다. 된장녀에서 시작한 각종 여성 폄하의 언어는 도를 넘어 어머니에까지 이르렀다. 맘충, 즉 '엄마라는 이름의 벌레'까지 나온 것이다.

물질적으로는 풍요했지만 상대적인 결핍감과 심리적 박탈의 시대이기도 했다. '88만 원 세대', '3포세대', 'N포세대'는 부정적 현실을 피하고자 '달관 세대'와 '공정 세대'를 표방했으나, 스스로에 대한 자신감이나 미래에 낙관은 점점 사라져갔다. 2010년대 '88만 원 세대'의 등장 이후 청년 세대를 일컫는 신조어들이 쏟아져 나왔고, 젊은 층의 현재 모습이 곧 사회의 미래상과 연동된다는 의미에서 큰 주목을 받았다. 이들은 실크세대, IP세대, C세대, V세대, 팬텀 세대 등 여러 명칭으로 불리기도 했다.

조귀동의 《세습 중산층 사회》는 오늘날 청년층 내부 분화의 핵심이 일자리에 있다고 본다. 현재 노동시장은 대기업이나 공공부문 정규직, 전문직으로 구성된 '정규직'과, 나머지 중소기업 및 '비정규직' 일자리로 나뉘는데 초임 300만 원 이상의 정규직은 전체 중 10퍼센트에 불과하다는 것이다. 나머지의 90퍼센트는 그 이하의 월급과 불안한 일자리로 구성된다. 10대 90의 구도에서 어느 쪽에 속하건 한번 속하면 변동은 불가능에 가깝고, 개인의 노력으로 그 격차를 메우기도 힘드니, 청년도 다 같은 청년이 아니라 소득 수준과 직업 전망에 따라 계급화된다. 이런 심리적 열패감은 혐오 정동을 부채질했다.

인터넷은 양날의 검이었다. 무한정 불특정 다수에게 열린 인터넷은 해방의 도구이자 다양한 개인의 욕망을 향한 민주화의 장이었기에, 약이자 동시에 독이었다. 대중 운동의 효과적 장치인 동시에 백래시를 양산하는 혐오의 온상이기도 했다. 익명의 네티즌은 모든 논쟁에 대해 진입 장벽이 낮았으나 그만큼 공정성이나 정의로움에 대한 의식 또한 약했다. 다양한 모든 의견이 개인의 취향으로 존중받으면서, 누구나 마음만 먹으면 개인의 편견을 모두의 보편성으로 둔갑시킬 수 있었다. 기술적 트릭만으로도 특정 의견을 국민의 여론으로 만들 수 있었다. 그런 여론몰이는 정치적으로 이용되기 쉬웠다.

다양성의 문제는 공공선의 기준이 약화된다는 데 있다. 하지만 아무리 다양성을 추구한다고 해도 공공선의 기준이 필요하며, 모든 다양성이 다 충분히 고려될 수는 없다. 청부 살인이나 몰카 범죄조차 정당한 자본주의의 권리 행사거나 특별한 개인의 취향이라 주장하면서 다양성으로 존중받을 필요가 있다고 말하기는 어려울 것이다.

그러나 특히 인터넷상의 네티즌은 필명이나 가상의 아바타로 활동하므로 도덕성이나 공공성을 지키지 않아도 추궁하거나 처벌하기 어려웠다. 실명을 밝히지 않는 인터넷 유저들은 온갖 혐오와 분노를 온라인으로 발산했다. 설리, 구하라 같은 연예인이 악플 고통을 호소하며 자살하자 가끔 인터넷 실명제가 거론되기는 했으나, 늘 언론의 자유라는 원칙에 밀렸다. 나의 자유는 '타인의 자유를 침해하지 않는 한' 정당하다는 최소한의 지침마저 사라진 시대에 무분별한 다양성은 위험할 수 있다. 개인의 자유가 타인의 자유를 존중해야 한다는 지침이 있듯, 다양성도 보편적 기준점이 필요하다.

이런 상황에서 퇴행 혹은 소강 상태의 페미니즘이 대중적으로 재부상하게 된다. 2015년 강남역 살인 사건과 2016년 출판된 소설 《82년생 김지영》이 큰 계기였다. 강남역 사건은, 여성이라서 살해했다는 살인범의 진술로 인해 '여성 혐오 범죄'란 말이 공론화되게 했고, 또한 《82년생 김지영》은 한국에서 페미니즘이 본격적으로 시작된 지 한 세대가 넘고 반세기가 넘었는데도, 가정과 직장에서 별반 달라진 것이 없다는 현실을 일깨웠다.

10대에 2000년대의 팬덤 문화를 향유했던 자유롭고 평등한 1990년대생들은, 2010년대에 직장인이 되고 결혼의 현실을 마주하면서 개선된 게 그닥 없어 보이는 현실에 낙담했다. 유리 천장이나 성별 임금 격차, 혹은 가사와 육아 노동, 혹은 출산으로 인한 경력 단절의 문제, 거기에다 시가와 친가의 차별 문제 앞에 그들은 좌절했다. 시가를 본가로 부르고, 모든 가족 행사의 중심을 시가로 잡으며, 자신을 낳고 키워준 친부모님은 친정 아빠, 친정 엄마로 낮추는 문화는 저항을 받게 되었다. 완벽하게 실현된 줄 알았던 성 평등이 현실 앞에서 무너지는 것을 보자 청년 여성 세대는 괴리감을 느꼈다.

신자유주의 페미니즘 시대에 이미 여성 혐오나 여성 비하의 움직임이 거셌던 것도 페미니즘에 불이 붙은 원인이 되었다. 2015년 김 군으로 알려진 청소년이 '나는 페미니스트가 싫어요'라는 글을 트위터에 올리고 IS에 합류하기 위해 터키로 떠났고, 방송인 김태훈은 〈IS보다 무뇌아적 페미니즘이 더 위험해요〉라는 칼럼을 보란 듯이 잡지에 실었다. 남성들의 페미니즘에 대한 반감을 방증하는 사건이었다. 페미니스트는 '페미 나치'로 공격당하기 일쑤였고, 그중에서도 급진적인 메갈리아와 워마드는 남성 혐오 전사로 낙인찍혔다.

비대면이란 특성 때문에 인터넷에선 더 날카로운 말들이 오갔다. 트위터를 중심으로 한국 페미니즘 이슈는 빠르게 유통되었고, 감수성이 예민한 프로불편러와 키보드워리어들은 작은 이슈에도 맹

렬히 반응했다. 사람들은 점점 더 페미니즘 하면 머리를 가로저었고 피곤해했다. 사실 면접 요령 같은 먹고사니즘에 관한 정보 말고는 그 어떤 것도 보편적 지지를 받기 어려운 시대였다. 이런 상황에서 앞서 말한 두 사건이 큰 계기가 되어 페미니즘에 다시 불이 붙은 것이다.

남성들의 말과 달리 '평등 세대' 여성의 삶을 들여다보면 이전과 달리 나아진 건 없었다. 유리 천장, 성별 임금 차별, 독박 가사와 육아, 시가 가사 노동, 결국엔 경력 단절 등이 그녀들의 삶을 옥죄었다. 완벽하게 실현된 줄 알았던 성 평등이 현실 앞에서 무너지는 것을 보고 여성들은 큰 괴리감을 느꼈다. 그리고 비혼을 선언하는 이들이 늘어 갔다. 결혼을 못하는 '미'혼이 아니라 일부러 하지 않는 '비'혼을 택한 것이다. 1인 가구가 증가하고, 정상 가족 혹은 보통 가족으로 불리던 가족 형태는 감소했다.

실제 현실은 이렇게 달라진 것이 없는데도, 사회에서는 이미 성 평등이 이루어졌다고 전제했다. 현실과 기대의 괴리를 지적한 여성들은 오히려 비난을 받았다. 디씨 갤러리에서 파생된 일베와 오늘의 유머 사이트에서 된장녀, 김치녀를 공론화하던 2015년 5월에 국내에 메르스가 터졌다. 중국 출장을 다녀온 40대 남자가 메르스 확진 판정을 받으며 시작되었다. 그런데 유독 여성 환자에게만 더 심하게 규제했다는 사실이 밝혀지면서 그 반작용으로 인해 '메르스 갤러리' 사이트가 생겼다. 그리고 이 메르스 갤러리와, 노르웨이 작가 게르 브란텐베르그가 1977년에 출간한 장편 소설 《이갈리아의 딸들》을 합성한 '메갈리아'가 처음으로 생겨났다. 《이갈리아의 딸들》은 남녀

성역할을 뒤집은 설정으로 출간 당시 큰 화제가 되었다.

메갈리아의 가장 큰 특징은 '미러링' 전략을 썼다는 점이다. 남성들의 여성 혐오를, 남성 혐오로 돌려주는 방식을 취한 것이다. 이를테면 남성들이 여성을 '된장녀'라고 비하하면, 남성들에게 '강된 장남'이란 말로 반사했다. '김치녀'라 하면 '한남충'으로 맞받아쳤다. 10년에 가까운 페미니즘 공백기 동안 누르고 눌러 온 것이 한꺼번에 폭발했다. 메갈리아는 폭발적인 호응과 반감을 동시에 얻었다. 메갈리아 이후 워마드, 페미당당, 페미디아, 부산페미네트워크, 강남역10번출구, 불꽃페미액션, 리벤지포르노 아웃 등 많은 네트워크 기반의 단체가 생겼다. 다양한 이슈가 시간차를 두고 불꽃처럼 활성화되었다.

2010년대 중반부터 분 대중적 페미니즘의 리부트 열풍에는 무엇보다 인터넷의 역할이 컸다. 그래서 제2의 물결 페미니즘은 '넷 페미니즘'이라고도 불린다. 트위터를 비롯한 SNS가 이 운동에 불을 붙이고 실제 행동에도 큰 영향을 끼쳤기 때문이다. 이전 세대와 구분하기 위해 '영영 페미니즘'이라고도 부른다. 이들은 무엇보다 온라인 네트워크를 기반으로 현실의 여성이 처한 차별을 공론화했고, 여성 혐오나 여성 차별을 피하기 위해 중요한 시기에 거리에서 연대하고 모였으며, 남녀평등의 이념에 따른 여성 차별 금지법, 임신중지 처벌에 반대하는 낙태죄 금지법 등 법적 개선을 촉구했다.

여성들이 문제로 삼는 것은 다양하고 복잡하다. 하지만 현실을 직시하자는 점에는 모두 동의한다. 〈결혼은 미친 짓이다〉의 연희처럼 개인의 일탈로 제도에서 벗어나려 하는 자유주의자나, 〈아내가 결혼했다〉의 인아처럼 현실에 발을 딛지 않고 제도 밖 새로운 세상을 꿈꾸던 개인주의자들은, 현실로 눈을 돌렸고, 위기를 봤고, 연대의 필요성을 느꼈다. 그리고 당면한 문제들을 해결하기 위해 제1의 물결 페미니즘이 현실에서 해결하지 못한 문제들의 해결 방법을 적극적으로 대중적으로 모색했다. 1970년대 페미니즘의 제1의 물결 시작을 기점으로 보면 반세기 가까운 시간이 지났는데 현실 속 남녀 불평등은 여전히 남아 있다는 뼈아픈 인식이 그 중심에 있었다. 다시 초심으로 돌아가 여전히 개선되지 않은 현실의 여성을 주목해 보아야 할 시간이었다.

— ☐ ✕

〈82년생 김지영〉 줄거리 요약 (김도영 감독, 2019)

1982년 서울에서 태어나 대학의 국문과를 나온 김지영은 광고 기획사를 다니다가 부산 출신의 남자 정대현을 만나 연애하고 가정을 꾸려 예쁜 딸을 두고 30대 주부로 2019년을 살고 있다.

평범해 보이는 일상을 사는 주부 김지영은 직장을 다니며 멋진 사회생활도 하고 싶지만, 현실은 가사와 육아 노동으로 늘 녹초가 되어 있고, 직업 제안이 와도 아이 양육으로 근무할 여건이 되지 않는다. 이해심 많은 남편은 육아휴직을 내서 아내에게 사회생활의 기회를 주고자 하지만, 현실적으로 남편의 승진에 문제가 될 수 있는 휴직은 시가의 반대로 난관에 부딪힌다.

그 과정에서 답답한 마음은 우울증이 되는가 싶더니, 엄마나 언니로 빙의해서 가슴속에 맺힌 말을 하고 기억하지 못하는 정신 질환이 되었다. 증상은 더 심해지고, 시가와 친가도 다 이 사실을 알게 된다. 과거 지영은 그 시대 흔하던 남아선호가 강한 집에서 자랐고, 늘 남동생을 중시하는 생활을 익숙하게 받아들였다. 결혼해서는 남편의 사회생활이 먼저라 생각해, 자신의 직장은 포기한 뒤 자녀 양육이나 가사 노동 같은 일만 했다. 주부의 힘든 가사와 양육 노동 중에 어렵게 아이와 외출하여 커피숍에 간 지영은, 모르는 회사원한테 '맘충'이라는 말까지 듣게 되면서 이 사회에서 30대 주부로 산다는 것의 사회적 위치에 대해 인식하게 된다.

남아선호 교육을 받고 자랐기에, 취업을 해도 결혼하면 경력 단절을 받아들이기 쉬운 21세기 대한민국 서울의 30대 평범한 대졸 기혼 여성의 문제를 잔잔한 생활 속에 펼쳐 보이며 지영과 대영은 갈등속 해법을 점차 모색해간다.

〈82년생 김지영〉은 2016년에 출간된 조남주의 소설을 영화로 만든 것이다. 소설뿐 아니라 영화도 폭발적인 반응을 얻었는데, 한국에서 페미니즘이 시작된 지 반세기가 흘렀는데도 여성의 삶은 전혀 나아지지 않았다는 문제의식을 건드렸기 때문이다. 1980년대생임을 전면에 내세운 것도 시간의 변화에도 '달라지지 않음'을 강조하기 위해서다. 그러므로 이것은 기존 페미니즘에게 그동안 무엇을 이루었는지 자성적으로 묻는 것이기도 하다. 80년대에 열심히 사회 활동을 하고, 아이를 낳아 기르던 당시 30대의 50년대생 페미니스트, 한 세대 위 페미니즘은 모두 어디로 갔을까? 모두 정부 부처나 대학 강단 혹은 연구소에서 직업의 경력을 쌓느라 사회와 가정에서 남녀평등을 구현할 시간이 없는 것일까? 아니면 페미니즘은 적어도 제도적으로 완성되었으니 나머지는 개개인의 역량 문제로 돌아간 것일까?

소설과 영화는 다소 다르다. 페미니즘 백래시를 우려해 영화는 훨씬 더 갈등을 완화했다. 영화 〈82년생 김지영〉은 평범한 30대 전업주부의 삶을 조명한다. 태어나 전업주부로 살기까지 여성으로 살아오면서 겪은 차별을 보여 주는 것이 영화의 큰 줄기다. 그 차별이 원인인지는 분명히 알 수 없지만, 영화의 주인공인 김지영은 다른 사람, 특히 여성들이 빙의되는 정신장애를 앓고 있다. 초등학교 교사인 언니는 싱글이고, 남동생 지석은 어머니의 식당 일을 돕는다. 결혼 안 한 언니는 당당하고 독립적이다. 나머지 가족은 아들 지석에 대한 남아선호 사상을 보여 준다. 엄마는 소외되는 둘째 딸에게 미안해하면서도 아들 중심으로 생각하는 가부장제를 벗어나지 못한다.

김지영은 2녀 1남 중 2녀이며, 여느 가정처럼 남성 중심인 가부장적 가정에서 자랐다. 아버지는 항상 딸들보다 아들 '지석'을 챙겼고, 어머니는 소외된 딸들에게 미안해하지만, 과거부터 유지되던 가부장제를 비판 없이 수용한다. 시어머니도 며느리에 대한 기본적인 애정은 있지만 아들을 더 아끼는 건 분명하다. 이런 집안에서 나고 자란 지영은 대학을 졸업한 후 광고 기획사를 다니다 결혼했고 임신을 하면서 직장을 그만둔다. 흔한 경력단절 여성의 이야기다.

소설 속에서는 주인공의 심적 억압이 좀 더 자세하게 제시된다. 지영은 어릴 때부터 여성이라서 달리 대우받는다는 사실을 눈치챘다. 자신의 바로 아래 동생이 여자아이라는 이유로 태어나지도 못하고 낙태된 사실을 알게 되고, 밥은 아빠, 아들, 할머니 순서로 푸는 것도 본다. 국민학교 때는 남학생부터 급식을 먹었고, 중학교에서는 여학생의 복장을 더 엄히 규제했다. 학교에 바바리맨이 출몰하면 선생님들은 단속하기는커녕, 그를 쳐다보았다는 이유만으로 여학생들을 혼냈다. 고등학교 때는 짝사랑한다는 스토커 남학생 때문에 남성 공포증이 생겼는데, 그때 아버지는 스토커가 아닌 지영을 오히려 나무랐다. 대학교 때 남자 선배는 헤어진 커플 중 여자를 가리켜 '씹다 버린 껌'이라 했다. 첫 손님으로 여자는 안 태운다며 거부하는 택시 기사도 만난다. 면접 본 회사에서 남자를 더 선호해 채용되지 못한 경험이 있고, 어렵게 들어간 회사의 회식 자리에서 성희롱을 당했으며, 남자 동료들이 여성 화장실에서 촬영된 동료의 몰카를 즐겁게 돌려 본다는 사실도 알게 된다.

무엇보다도 충격적인 사건은 처음 보는 사람에게 들은 경멸의 언어다. 결혼하고 출산과 육아 때문에 직장을 그만둔 지영은 오늘도 육아 노동으로 힘겨운 하루를 살아간다. 아이와의 외출 전쟁에 지쳐 잠시 유모차를 세워 두고 벤치에 앉아 커피라도 마시려 하는데 "남편이 벌어다 주는 돈으로 편하게 커피나 마시는 맘충" 소리를 듣는다. 작가 조남주는 실제 자기 이야기를 소설 속에 많이 반영했는데,

맘충 소리를 듣는 이 장면도 실제 겪은 일이라고 한다. 작가는 인터뷰에서 "카페에서 아메리카노 한 잔 사들고 아이를 유모차에 태워 공원에 산책 나갔다가 점심시간에 회사원들로부터 '맘충'이라는 비아냥을 들은 적이 있다. 남성에 비하면 여성 팔자가 좋다는 얘기였다."라고 말했다.

소설《82년생 김지영》이 워낙 유명세를 타서 영화로 만들어진다는 소식에, 페미니즘과 반페미니즘 두 진영에서 모두 주목했다. 영화는 페미니즘에 예민한 대중의 시선을 의식해 원작의 급진적인 문제의식을 그대로 드러내기보다는, 보편적 공감과 인간적 이해를 끌어내는 데 초점을 둔 듯하다. 지영이 성장 과정에서 겪은 차별들을 가능한 한 온건하게 보여 주려 애썼고, 배려 깊고 헌신적인 남편을 설정해 쟁점적 사안을 중화했다.

▶ 대학 교육을 받은 서울 여자의 평범한 현실 이야기

이렇듯이 영화는 선악의 대립이나 남녀의 갈등 구도를 최소화하고자 무던히 노력한 흔적이 보인다. 생물학적 여성만이 페미니즘의 주체라고 보고 미러링으로 억압에 대항하며 남성을 잠재적 위협자로 보는, 래디컬 페미니즘의 극단적인 저항 방식에 반감을 품은 반페미니즘 백래시가 워낙 심하게 형성돼 있었기 때문이다. 그 탓에 원작이 품은, 날카롭게 현실을 고발하는 관점은 약화되어 2019년 당대를 살아가는 사람들의 애환이 보통 드라마처럼 병치된다. 훈훈

한 보편적 인간애 속에서 30대 기혼 여성이 겪는 문제의 출구와 해법을 모색한다.

모든 것을 개인의 탓으로 돌리는 페미니즘 소강기에 전업주부는 여성으로서 자신의 목소리를 갖기 어려웠다. 경력이 단절되면서 사회적 자아는 점점 더 위축되었다. 또한 가정 밖은 치열한 경쟁 사회다 보니 서로에 대한 혐오만 짙어져 갔다. 직업 없는 기혼 여성은 더욱 경시의 대상이 되었다. 맘충, 엄마조차 혐오할 수 있는 세상이 되었다는 건 혐오의 끝에 다다랐음을 뜻한다. 사실 이것은 페미니즘의 후퇴를 의미한다. 1물결 페미니즘이 제기했던 문제가 전혀 해결되지 않았음을 의미하기 때문이다.

▶ 다시 현실의 목소리로

두 남편과 두 시가, 한 아이를 위해 봉사하면서도 직장 생활을 완벽하게 해내는 〈아내가 결혼했다〉의 인아와 달리, 〈82년생 김지영〉의 지영은 하나의 결혼 생활만으로도 너무나 힘겹다. 직장에 다니고 싶고 그럴 기회도 얻었지만 현실은 육아에 매일을 바쳐야 한다. 결국 지영은 취직 제안을 거절한다. 이 또한 현실 속에서 살아야 하는 여성의 선택이다.

영화는 이런 여성의 현실을 정면으로 다루지 않고 보편적 인간애로 봉합하려 한다. 영화 속 모든 인물이 선하고 이타적이다. 충돌과 갈등이 있을 때는 이해하고 양보하려고 한다. 육아 때문에 생기는 여성의 경력 단절 문제도, 이런 분위기라 깊이 조명하지 못한다. 그럼에도 이 영화에는 분명 페미니즘의 관점이 있다. 여주인공이 현실에 있을 법한 사람이고, 그 사람이 자신 앞에 놓인 문제들을 해결하기 위해 분투하고 노력하기 때문이다.

▶ 여전한 결혼의 현실, 변화의 지점은 어디에?

한국의 제2의 물결 페미니즘은 기존 페미니즘이 이론과 선언만 했을 뿐, 현실에선 이룬 것이 별로 없다고 비판했다. 일견 맞는 말이다. 세 번의 변화된 흐름을 겪은 제1의 물결 페미니즘 동안 페미니즘은 발전한 것처럼 보였지만 어느 면에서 보면 멈춘 지점도 있다. 제1의 물결 페미니즘은 여성부가 생기고 여성 교수가 학계에 많이 진출하면서 여성 일반의 문제가 다 해결된 것처럼 여겼고, 이어서 모든 제도권의 권위를 거부하고 다양한 개개인의 주장을 받아들이면서 페미니즘을 개별 여성의 문제로 만들었다.

이후 여성 문제는 여러 다른 문제와 섞여 버렸다. 페미니즘만의 특성이 사라져 버린 것이다. 제1물결 페미니즘의 완성기는 역설적이게도 한편으로 페미니즘 정치성의 공백을 가져왔고, 남성들은 자신이 남성을 '잠재적 가해자'로 치부하는 '여성 우위 사회'에 살고 있다고 착각하는 현상까지 보였다. 한국에서 페미니즘이 시작된 1970년대부터 2020년까지 50년을 돌아보면 어느 정도 법적 제도적 개선은 이루었으나, 여전히 현실 속에 남아 있는 결혼한 부부의 생활 속 남녀평등, 직장 내 위계에 의한 성폭력과 성희롱 등의 문제가 여전히 남아 있다고 볼 수 있다.

이런 상황에서 〈82년생 김지영〉은 다시 현실 속 여성의 문제로 눈을 돌리게 했다. 현실에서 남녀평등이 얼마나 실현되기 어려운 것인지 잘 보여 준다. 영화에서도 볼 수 있듯이 특히 출산 후부터 남녀의 상황은 많이 달라진다. 갓난아기가 생존하려면 성인이 24시간 전폭적으로 보살펴야 하는데, 그 일을 대부분 여성이 맡기 때문이다. 그에 따라 여성은 육아와 직장 사이에서 갈등하게 되고 많은 경우 여성의 사회적 경력 단절로 귀결되곤 한다.

여자는 약해도 어머니는 강하다고 한다. 하지만 누구의 도움도 받지 못하는 어머니는, 직장 일은커녕 육아만 해도 만성피로에 시달린다. 사회와 시가는 여자의 직장을 하찮게 깎아내리고 아이 잘 키우는 것이 훨씬 더 보람 있다며 사직을 압박한다. 육아 때문에 집에서도 직장에서도 만족스럽지 못한 여자는, 피로감과 자괴감에 결국 사직을 결심한다. 어느 정도 아이를 키워 놓은 뒤에 다시 취직하면 된다고 애써 마음을 추스르면서 말이다.

하지만 현실에서 경력 단절 여성을 받아 줄 곳을 찾기는 쉽지 않다. 어렵게 취업을 해도 원래의 직종으로 돌아가는 비율은 아주 낮다. 5년 혹은 10년의 공백기 이후에 다시 잡은 직장은 소수 전문직을 제외한다면 대체로, 과거의 일자리보다 경제적 안정성이 떨어지는 비정규직 저임금 일자리다. 이마저도 경쟁이 치열하다.

▶ ▶| 🔊

한국 페미니즘 역사가 반세기가 넘은 현 시점에서도, 한국의 많은 기혼 여성은 김지영처럼 육아 때문에 직장을 그만두고, 시가와의 갈등 속에 여성 역량이나 자존감을 점차 약화시키며 살게 된다. 개인의 경력을 포기하고 엄마로서의 희생하는 삶을 받아들이기만도 벅찬데, 남편 돈에 기대어 살면서 할 일 없이 카페에서 빈둥대는 무익한 존재, 아이 엄마지만 벌레 같은 존재라는 의미의 맘충이라는 소리까지 듣는다.

언어는 존재를 만든다. 우리 모두는 '어머니'에게서 나왔고 그 어머니의 땀방울로 자랐다. 그러므로 어머니가 벌레면 나도 벌레다. 나의 어머니는 타인에게 아주머니이고, 아주머니가 폄하되면 엄마도 무시당할 수 있다. 그러니 어머니를 벌레로 만드는 일은 나 자신도 격하시키는 일이다. 맘충이 현실의 언어가 되면, 우리 모두가 벌레의 자손이 될 수 있다. 나 하나 우월해지자고 인류를 벌레로 만들 수는 없는 노릇이다. 그래서 페미니즘은 다시 일어선다. 인본주의를 바탕으로 인간에 대한 예의를 되찾기 위해 대중적으로 리부트된다.

앞서 강조했듯이 페미니즘은 모두가 평등한 세상을 꿈꾸는 인본주의사상이다. 나의 어머니와 당신의 어머니뿐 아니라, 남자와 여자가 기회나 권리를 누리는 데 차별당하지 않도록 하려고, 인간이라면 누구나 동등하게 권리를 누릴 수 있도록 하기 위해 오늘도 정진한다. 내가 너보다 낫고 너는 나의 잠재적 경쟁자이니 나는 너를 혐오

해도 괜찮다는 생각에 혐오를 정당화하고 확산하는 데 반대한다.

혐오의 기본 정서는 차이에 따른 차별이다. 내가 너보다 낮다는 우월감도 깔려 있다. 하지만 우리 모두가 알다시피 차이는 차별의 이유가 될 수 없다. 경쟁이 혐오를 정당화할 수 없다고 생각한다면 당신도 페미니스트다. 소수자가 다수자 때문에 희생되어서는 안된다고, 차이가 그로 인해 차별 받아서는 안 된다고 생각하면 당신도 인본주의적 페미니스트다. 인간 평등의 기본권에 입각한 휴머니스트다. 우리는 차별 없는 차이의 다양성이 평화롭게 공존하는 세상을 꿈꾼다. 그 꿈을 향해 페미니즘의 물결은 다시 또 다시 굽이쳐 올 것이다.

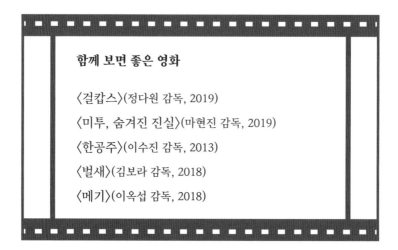

함께 보면 좋은 영화

〈걸캅스〉(정다원 감독, 2019)

〈미투, 숨겨진 진실〉(마현진 감독, 2019)

〈한공주〉(이수진 감독, 2013)

〈벌새〉(김보라 감독, 2018)

〈메기〉(이옥섭 감독, 2018)

4장

계속 물결치다＿

다시 한번 엠마 왓슨이 유엔에서 연설한 페미니즘의 정의에 대해 생각해 보자. 페미니즘은 여성과 남성이 권리와 기회를 동등하게 가져야 한다는 신념이고 정치, 경제, 사회적 측면에서 성 평등에 관한 이론이다. 페미니즘은 평등이라는 인본주의 사상을 구현하려는 노력이므로 남녀 모두에게 이롭다. 결코 남성 혐오가 아니다. 남녀 모두가 인간 고유의 권리를 누리며 평등하고 자유롭게 살자는 인본주의 사상이다.

이 책은 페미니즘의 큰 흐름을 물결로 나누어 설명하고자 했고 그 흐름을 구체적으로 보기 위해 여덟 편의 영화를 한 걸음 더 들어가 살펴보았다. 역사적으로 페미니즘의 '제1의 물결'은 메리 울스턴크래프트의 영향을 받아 1890년대~1920년대에 영미에서 일어난 여성 참정권 운동이다. 그들이 주장한 정치 참여권 중에는 선거권과 교육권, 출산권, 노동권이 있었고, 법과 제도로 '남성'과 같은 평등권을 보장받고자 했다. '제2의 물결'은 1960년대 후반의 학생운동, 반전운동, 흑인 운동 같은 반체제 운동의 맥락에서 일어났으며 시몬 느 드 보봐르의 《제2의 성》에서 말한 "여성은 태어나는 것이 아니라 만들어진다"는 영향을 받아 '여성'의 문제에 천착했다. 이들은 여성의 법적 평등권으로 해결되지 않는, 현실의 더 적극적인 '여성'의 해방을 주장했다. 법 앞의 평등으로 해결되지 않는, 사회적 정의를 위해 여성조직을 결성했다. '제3의 물결'은 1980년대의 포스트모더니즘의 영향을 받아 부상하기 시작했고, 페미니즘의 정체성 재구성부터 교차성에 이르기까지 여러 '차이들'을 중심으로 다양하게 나타났다. 1990년대에는 이론적 난해함으로는 현실의 다양한 여성들 사이에 존재하는 차이와 차별을 개선할 수 없다는 의미에서 '제3의 물결'이 선언되었다. 교차성 페미니즘은 실제 여성 개개인의 복합적 억압상황, 즉 인종, 계급, 민족에 따라 달라지는 여성 문제에 대해, 다른 진단과 처방을 요구했다. 그리고 이런 문제의식은 인터넷을 기반으로 대중적으로 확산되면서 새로운 물결의 가능성도 열었다.

한국의 페미니즘은 아직 완전히 합의된 결론에 다다른 것은 아니지만 크게 제1의 물결과 제2의 물결로 나누어 설명하고자 했다. 제1의 물결이 1970년대부터 시작한 민주화 운동과 노동 운동, 그리고 대학의 여성학 교육 확대로 시작되었다면 그것은 세 번의 새로운 흐름으로 다시 물결쳤고, 어느 정도 페미니즘의 과제가 달성되자 그 운동의 동력이 사그라든 것처럼 보였다. 일정 기간의 비활성기를 지나 2015년 메갈리아의 등장은 새로운 대중적 페미니즘의 흐름을 몰고 오면서 제2의 물결 페미니즘을 시작했다. 편의상 두 물결의 흐름으로 구분해 말하기는 했지만 각 페미니즘은 그 물결 안에도 다형적이고 다층적 지형이 있고, 제1의 물결과 제2의 물결 각각도 미래를 향해 앞으로 열려 있다. 그래서 두 물결은 다시 중첩되고 다른 한편 차이를 만들면서 철썩이는 파도처럼 흩어졌던 의제들을 특정 시점에 다시 모아 새롭게 재활성화될 수 있다.

이제 2019년에 개봉된 디즈니 영화 두 편에 대해 이야기하며 책을 마무리하고자 한다. 하나는 실사판 〈알라딘〉이고, 다른 하나는 〈겨울왕국 2〉이다. 1992년판 애니메이션 〈알라딘〉의 주인공 알라딘은 마법 램프의 힘으로 왕국을 얻고 공주와 결혼한다. 그런데 2019년 실사판에서는 자스민 공주에게도 힘이 실렸다. 알라딘만의 성장이 아니라, 공주 교육만 받았던 자스민도 사랑하는 대상을 선택하고 제도를 바꾸어 가며 함께 미래를 도모한다. 시녀로 위장해 알라딘이 진짜 자기를 사랑하는 것인지, 왕위에 오르기 위해 자신을 수단으로 삼은 것인지 시험하기도 하고, 단순히 순종과 체념으로 일관하는 것이 아니라 자파의 사악한 계략에 분노를 터뜨릴 줄도 안다.

무엇보다 달라진 점은 여성도 왕이 될 수 있다는 설정이다. 아버지 술탄은 '여자도 술탄이 될 수 있다'고 법을 고친다. 애니메이션판에서 '공주도 평민과 결혼할 수 있다'고 법을 바꾼 것에서 한 단계 발전한 모습이다. 남녀 차별이 심한 이슬람 세계에서 유색 인종 여성이 합법적으로 왕위를 계승받을 수 있도록 허용한 것이다. 역사적으로 여자는 늘 공주고 왕비였는데, 이제 왕이자 술탄이 되어 배우자도 선택할 수 있게 되었다.

〈겨울왕국 2〉 또한 주체적인 여성 권력의 탄생을 다룬다는 점에서 실사판 〈알라딘〉과 연결된다. 〈겨울왕국〉에서 엘사는 아렌델의 여왕이었다가 신격인 제5의 정령으로 승격된다. 물, 불, 공기, 흙이라는 4원소로 된 네 정령이 조화를 이루게 하고 그들을 통합시키는 신의 반열에 오른다. 여성의 비범한 능력은 비난과 유폐를 가져올 빌미가 아니라, 세계를 넘어 초자연적인 세계까지 다스리는 권력으로 확장된다. 바람의 정령 게일, 불의 정령 브루니, 땅의 정령 바위 거인, 물의 정령 노크를 경유해 아토할란 강의 기억을 소환하여 스스로 제5의 정령이 된 엘사는 정령들의 중재자이자 여왕이 되고, 여동생 안나는 인간 세상인 아렌델의 여왕이 되어 자연과 인간 세계를 통치한다. 여성 간 연대와 자매애로 자연과 인간의 새로운 화합과 조화의 가능성을 추구한다. 엘사는 안나의 도움이 필요하고 안나역시 엘사의 지원이 필요하다. 엘사는 정령이 되어 정령계를, 안나는 여왕이 되어 인간 세상인 아렌델을 통치한다. 이것은 여성 간 연대와 자매애로 자연과 인간을 새롭게 화합시킬 가능성을 보여 준다.

실사판 〈알라딘〉과 〈겨울왕국 2〉는 달라진 여성의 위상에 대해 말하는, 페미니즘 영화라는 공통점을 갖고 있다. 이 영화들에는 남성 혐오가 없다. 자스민은 알라딘을 진심으로 사랑하고 존중하며, 안나는 언니만큼 크리스토프도 사랑한다. 자스민과 알라딘, 안나와 크리스토프, 엘사와 네 개 정령의 미래는, 서로 얼마나 차이를 존중하고 화합하려 노력하는지에 달려 있다. 지금은 서로 차이를 부각시키며 혐오와 분노로 맞서기보다, 존중과 평화를 공동 목표로 삼고 추구할 때이다. 남녀, 인간과 자연의 차이를 넘어 함께 공존할 길을 모색해야 할 때다.

다시 한번 말하지만 페미니즘은 평등을 향한 휴머니즘이다. 인간이라면 응당 누려야 할 기본권을 누구나 누릴 수 있는 세상을 실현하려는 실천적인 노력이다. 인간은 삶을 살 권리, 자유로울 권리, 행복을 추구할 권리를 자연권으로 타고났다. 남자든 여자든 누구나 말이다. 실제 삶에는 많은 다양한 차이가 있고, 차이는 위계를 낳기 쉽다. 페미니즘은 차별 없는 차이를 수용하려는 노력이다. 밖으로는 차이가 차별이 되지 않는 사회가 오고, 안으로는 내가 나를 열어 차이를 차별 없이 수용할 때 페미니즘은 완성될 것이다. 페미니즘은 아직 끝나지 않았다. 아직도 진행 중이며 계속되고 있는 미완의 과제다. 페미니즘의 물결은 지금도 거대한 평등의 대양을 향해 그 푸른 물결을 굽이치며 도도히 그리고 당당히 흐르고 있다.